Kohlhammer

Stefan Hilbert/Thomas Metzner

Behavioral Finance

Verlag W. Kohlhammer

1. Auflage 2021

Gesamtherstellung: W. Kohlhammer GmbH, Stuttgart

Print:
ISBN 978-3-17-039093-5

E-Book-Formate:
pdf: ISBN 978-3-17-039094-2
epub: ISBN 978-3-17-039095-9
mobi: ISBN 978-3-17-039096-6

Inhaltsverzeichnis

Vorwort

Wir schreiben dieses Buch in bewegten Zeiten. Mit Beginn des Jahres 2020 verbreitete sich ein neuartiges Virus über die Welt. Anfangs noch unterschätzt, wendete sich das Blatt dann schlagartig, als die Infektionszahlen exponentiell anstiegen und neben dem Gesundheitswesen die gesamte Weltwirtschaft in Mitleidenschaft gezogen wurde. Der zur Vermeidung der Virusausbreitung erforderliche Shutdown in vielen Staaten zeigte die Verletzlichkeit des Wirtschaftssystems. Globalisierung, Reisefreiheit, Vernetzung von Lieferketten und Finanzmärkten, ein vertraut gewordenes System kam ins Wanken. Stabilität und Kontrolloptimismus erwiesen sich im ersten Moment des Schocks als Illusion.[1]

Die Verflechtung weltweiter Finanzströme führt dazu, dass auch die Finanzmärkte unmittelbar und heftig auf Unsicherheit reagieren. Eine Pandemie ist nicht per se etwas völlig Neuartiges, in der Menschheitsgeschichte sind immer wieder Pandemien aufgetreten und die spanische Grippe ist eine der bekannteren in der jüngeren Geschichte. Der Ausbruch der Covid19-Pandemie macht aber deutlich, dass Menschen keine Unsicherheiten mögen – mit allen Konsequenzen, bis hin zur Negation.

Kampf, Flucht oder Totstellen sind tief verankerte Verhaltensmuster von Menschen in Schocksituationen. Panik (verkaufen) und Aktionismus (umschichten von Depots), aber auch ein Verharren (aussitzen) kann an den Börsen beobachtet werden. Veränderung und die damit einhergehende Unsicherheit sorgt für Unbehagen, da nicht abschätzbar ist, was folgt. Angst greift in solchen Situationen um sich und das bisherige Entscheidungsverhalten ändert sich schlagartig. »Angst essen Seele auf«, so lautet der Titel eines berühmten Filmmelodrams des deutschen Regisseurs Rainer Werner Fassbinder aus dem Jahr 1974. Und Angst (oder besser Panik) herrschte im Februar/März 2020 (▶ Abb. E.1) auch an den deutschen Börsen. Emotionen übernahmen die Regie und nur bei wenigen Marktteilnehmern überwog das rationale Kalkül.

Märkte spiegeln die Reaktionen von Marktteilnehmern wider. Marktteilnehmer sind aber nicht nur rational-ökonomisch handelnde Individuen, sondern eben Menschen mit Stärken und Schwächen, kognitiven Fähigkeiten, aber auch Vergesslichkeit, Unaufmerksamkeit – und manchmal begehen Menschen Dummheiten (wir wollen niemandem zu nahe treten, auch wir Autoren sind Menschen und wundern uns

---

1 Der besseren Lesbarkeit geschuldet, und ausschließlich aus diesem Grund, verwenden wir in diesem Buch die männliche Form.

Abb. E.1: 5-Jahres-Chart des DAX 2016-2020 (Quelle: https://www.boerse-stuttgart.de/de-de/produkte/indizes/846900-dax, Abruf 18.08.2020)

manchmal über uns selbst). Thaler und Sunstein unterteilen die Entscheider in ihrem Buch »Nudge« in die 2 Gruppen »Econs« und »Humans« (Thaler & Sunstein, 2012, S. 16). Wobei diese Unterteilung nicht bedeuten muss, dass der eine Teil der Menschheit den »Econs« und der andere Teil den »Humans« angehörte, vielmehr sind beide Spezies in jedem von uns enthalten.

Mit der Behavioral Economics (Verhaltensökonomie) ist seit den 1970er Jahren eine neue Disziplin in den Wirtschaftswissenschaften entstanden, die sich eben mit diesen Sachverhalten auseinandersetzt. Die **Verhaltensökonomie** versucht, die unterschiedlichen Menschenbilder, die in Ökonomie, Psychologie und Soziologie existieren, wieder zu vereinen. Im Verhalten von Menschen wird nach Mustern und psychologischen Motiven gesucht, um zu zeigen, »wo diese im ökonomischen Kontext relevant sind« (Beck, 2014, S. 9).

Wir haben dieses Buch in drei Hauptteile mit folgender Logik gegliedert:

Im Hauptkapitel I wollen wir uns den Grundlagen menschlichen Entscheidens widmen. Dabei werden psychologische Grundmotive (viele von uns sind etwa Kontrollfreaks!) ebenso aufgegriffen wie die grundlegende Funktionsweise des Gehirns. Vielleicht ist unser bisweilen suboptimales Entscheidungsverhalten darauf zurückzuführen, dass wir neben einem Softwarefehler (Verhaltensmuster oder Gebrauch des Gehirns) auch über einen Hardwarefehler (Aufbau und Funktionsweise des Gehirns) verfügen, der uns bei Finanzentscheidungen dazwischenfunkt.

Jeder wird auch schon einmal erlebt haben, dass Hunger oder Durst schlechte Begleiter von Entscheidungen sind. Das Gehirn reagiert sensibel, wenn die Nährstoffversorgung nicht gewährleistet ist. Sinkt der Blutzuckerspiegel ab, schaltet das

Gehirn in den Überlebensmodus und Bereiche, die viel Energie erfordern (wie komplexe Entscheidungen) werden zuerst in den Standby-Modus versetzt. Die Selbstbeherrschung (verortet im dorsolateralen Präfrontalcortex), wichtig für geplante Entscheidungen wie eine langfristige Kapitalanlage, wird heruntergefahren und das emotionale Verlangen (angesiedelt im ventromedialen Präfrontalcortex) übernimmt das Kommando (▶ Abb. E.2). Der sofortige Kick im Hier und Jetzt genießt dann eine höhere Präferenz, als dies unter normalen Umständen sowieso schon der Fall ist, als geduldiges Warten auf den gleichen Kick in der Zukunft.

In der Ökonomie wird dieser Themenkomplex **zeitinkonsistente Präferenzen** genannt (Beck, 2014, S. 212). Der Homo oeconomicus hat derartige Probleme nicht. Für ihn ist heute das Warten von beispielsweise einem Monat auf eine Auszahlung gleichwertig mit dem einmonatigen Warten auf die gleiche Zahlung in drei Jahren. In beiden Fällen wird für das Warten der gleiche Zins angesetzt. In der Realität haben Menschen aber meist eine höhere Gegenwartspräferenz für Zahlungen und werden auf die lange Frist geduldiger, was nur mit unterschiedlichen Zinsen erklärt werden kann.

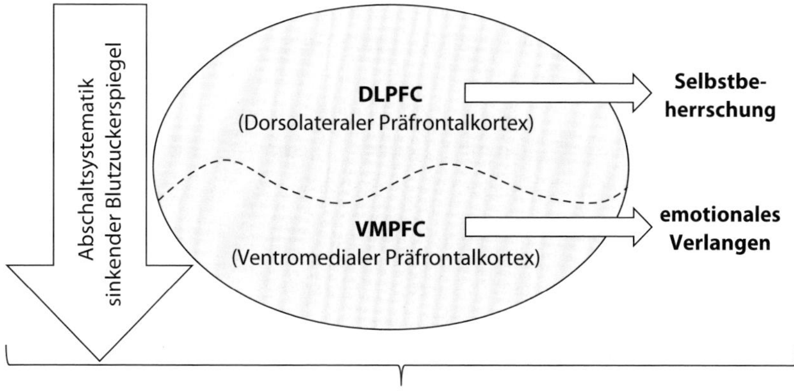

Abb. E.2: Wie viel Homo oeconomicus ist möglich? (Quelle: Eigene Darstellung in Anlehnung an Hare, Camerer & Rangel, 2009, S. 646 ff.)

Zudem gelangt ein Großteil der Informationen, die Menschen mit ihren Sinnesorganen aufnehmen, nicht ins aktive Bewusstsein. Wahrnehmung erfolgt erst, wenn Menschen (und damit auch Entscheider) bewusst auf Informationen oder Reize aus der Umwelt achten (Kiesel, o.J.). Bisweilen sehen wir den Wald vor lauter Bäumen nicht.

Das Zusammenwirken der fünf Sinne (Sehen, Hören, Schmecken, Riechen, Tasten) und des Gehirns verdeutlicht, dass Menschen großes Potenzial für Schlamassel beim

Entscheiden haben. Wenn zu den fünf klassischen auch noch der sechste Sinn, die Intuition, hinzukommt, wird das Grundproblem deutlich: Entscheidungen werden von allen Sinnen beeinflusst und damit ist der Entscheidungsprozess hinreichend komplex.

Die **Behavioral Finance** beschäftigt sich mit Finanzentscheidungen unter Berücksichtigung verhaltenswissenschaftlich/ kognitiver Erkenntnisse bekannten Modellen und Ansätzen der traditionellen Ökonomie und bezieht menschliches Entscheiden ein (Daxhammer & Fascar, 2018, S. 79 ff.). Die Zielsetzung der Behavioral Finance (als Teil der Behavioral Economics) besteht darin, Informationsaufnahme, Informationsverarbeitung und Entscheidungsverhalten von Marktteilnehmern auf Anomalien hin zu analysieren und die dahinterliegenden Muster zu erkennen. Im Idealfall unterbreitet die Behavioral Finance Vorschläge für bessere Finanzentscheidungen.

Wir vertreten auch ganz bewusst einen holistischen Ansatz: Das heißt, menschliches Verhalten in alltäglichen Situationen (z. B. unserer Risikoverhalten bei Freizeitaktivitäten) kann einen Einfluss auf Anlageentscheidungen haben. Ebenso kann auch die Versorgung mit Versicherungsschutzprodukten (z. B. Lebens- oder Rentenversicherungen) eine Auswirkung darauf haben, dass Menschen an den Kapitalmärkten risikofreudiger agieren. Kann bedeutet aber nicht muss, denn monokausale Begründungsmuster funktionieren in einfachen Modellen, weniger in der Realität.

Erfolg in Finanzfragen kann beispielsweise mit Gewinnen und Verlusten gemessen werden. Bezugspunkte sind Kaufkurse oder der Anfangsbestand einer Vermögensposition. Ebenso wie zur Bewertung von Gewinnen und Verlusten ein Bezugspunkt benötigt wird, ist dies auch für die Beurteilung von Irrationalität erforderlich. Objektiver Bezugspunkt für das Erkennen von Irrationalität ist das Modell des Homo oeconomicus, der im Verlauf der einzelnen Kapitel immer wieder als Referenzgröße aufgegriffen wird.

In Hauptkapitel II werden wir uns dann mit den aus unserer Sicht wichtigsten Heuristiken (Daumenregeln für schnelles Entscheiden) und Biases (systematische, kognitive Verzerrungen, denen wir bei Finanzentscheidungen unterliegen können) beschäftigen. Wenn man die einschlägige Forschung konsultiert oder im Internet nach Biases sucht, findet man eine Vielzahl an bis heute erforschten und belegten systematischen Verzerrungen. Wir mussten eine Auswahl treffen und erheben daher keinen Anspruch auf Vollständigkeit. Unser Ziel ist es, ein grundlegendes Verständnis für die Materie zu vermitteln.

In der folgenden Übersichtsdarstellung (▸ Abb. E.3) haben wir die von uns ausgewählten Heuristiken und Biases aufgeführt und diese Darstellung soll verdeutlichen, dass das Zusammenwirken der Effekte durchaus komplexer Natur ist.

Es gibt eine grundsätzliche Struktur, der ein Entscheidungsprozess folgt. Informationswahrnehmung, Informationsverarbeitung und Informationsbewertung sowie letztendlich die Entscheidungsfindung bilden den Kern dieser Struktur. Begleitet wird

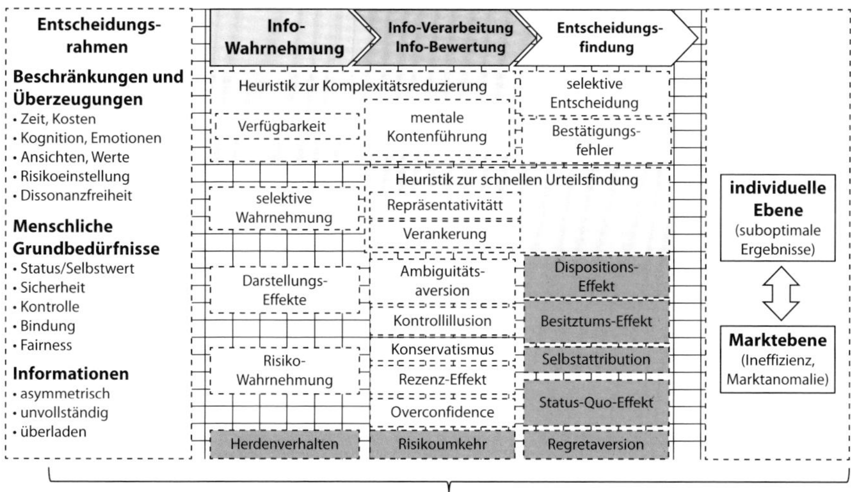

Abb. E.3: Übersicht über die im Buch aufgegriffenen Heuristiken und Biases (Quelle: Eigene Darstellung in Anlehnung an Agrawal, 2012, S. 13)

dies von individuellen Beschränkungen (z. B. Emotionen), Einstellungen zu Risiken oder das Eintreten für bestimmte Werte, um nur einige Aspekte aufzugreifen. Zudem ist die Informationsbasis, auf deren Grundlage wir entscheiden müssen, nicht immer eindeutig. Bisweilen verfügen wir über zu viele Informationen, in anderen Situationen mangelt es uns an umfangreichen oder guten Daten. Selbst bei verfügbaren Informationen können wir nicht immer sicher sein, dass diese objektiv und ausreichend sind – Ökonomen sprechen dann von asymmetrischer Informationsverteilung.

Asymmetrische Informationen sind gegeben, »wenn eine Seite besser als die andere Seite über die relevanten Eigenschaften des am Markt gehandelten Gutes informiert ist. Dieser Fall ist z. B. im Verhältnis zwischen Gläubiger und Schuldner, Aktionär und Vorstand oder Arbeitgeber und Arbeitnehmer bedeutsam, außerhalb des Marktes aber auch zwischen Politiker und Wähler.« (Brümmerhoff, 2011, S. 98)

Asymmetrische Informationen waren etwa einer der Auslöser der Finanzkrise 2008/09: Viele private Investoren hätten das ein oder andere Finanzprodukt nicht gekauft, wenn ihnen das wahre Risiko, das dem Anbieter bekannt war, bewusst gewesen wäre. Der Dieselskandal bei VW und die aktuellen Betrugsvorwürfe gegen Wirecard sind weitere Beispiele für asymmetrische Informationen, wenngleich hier auch noch kriminelle Energie hinzukommt.

Entscheidungsprozesse verlaufen selten linear, vielmehr finden wechselseitige Beeinflussungen statt. So wirkt beispielsweise die selektive Informationswahrnehmung (manchmal sehen wir nur, was wir sehen wollen) unmittelbar auf unser Risiko- und Kontrollempfinden und führt dann zu selektivem Entscheiden. Dies erfolgt jedoch unter Einbeziehung grundlegender Risikoeinstellungen und Wertvorstellungen, die den Rahmen des Entscheidungsprozesses determinieren. In Summe kann die Entscheidung dann entweder auf das Individuum zurückwirken oder, sofern die Masse ähnlichen Mustern folgt, auf die Märkte insgesamt. Uns ist es daher wichtig, darauf hinzuweisen, dass die betrachteten Heuristiken und Biases nicht isoliert betrachtet werden sollten, sondern man muss sich ihrer wechselseitigen Beeinflussungen bewusst sein. In der graphischen Darstellung haben wir diesen Sachverhalt durch das hinterlegte Gitternetz abgebildet. Zudem sind eher emotionale Biases (Herdenverhalten, Risikoumkehr, Dispositions-Effekt, Besitztums-Effekt, Selbstattribution, Status-quo-Effekt und die Regretaversion) hervorgehoben, die übrigen Biases und Heuristiken der Übersicht sind eher kognitiv geprägt (▸ Abb. E.2). Es ist schon wichtig zu wissen, ob schlechte Entscheidungen eine emotionale oder in kognitive Ursache haben.

In Hauptkapitel III greifen wir einige Ideen auf, wie Finanzentscheidungen »besser« getroffen werden könnten, wobei der Schwerpunkt auf kognitiven Verzerrungen (kognitiven Störungen des Entscheidungsprozesses) liegt. Emotionale Verzerrungen sind weitaus schwerer zu handhaben und bedürfen meist eines psychologisch geschulten Beraters.

Seit einiger Zeit wird das **Nudging** (vom englischen »to nudge« für »schubsen«) in Wissenschaft und Praxis durchaus kontrovers diskutiert. Durch das Nudging soll bewirkt werden, dass Menschen vor Fehlern bewahrt werden. Leichte Schubser in die richtige Richtung sollen, unter Beibehaltung der freien Alternativenwahl, Verbesserungen im Entscheidungsverhalten herbeiführen (Thaler & Sunstein, 2012, S. 14 ff.).

Da sich das vorliegende Buch auch und gerade an Menschen richtet, die einer Tätigkeit im Finanzsektor (etwa in der Finanzberatung) nachgehen oder diese anstreben, erscheint aus unserer Sicht das Nudging eine geeignete Vorgehensweise zu sein, um im Sinne der Kunden der Aufgabe als Finanzberater nachkommen zu können. Beratung ist nie wertfrei und verfolgt immer eine Absicht. Sofern die Absicht aber im Einklang der Interessen von Kunden, Beratern und der betroffenen Unternehmen steht, kann und wird sich daraus eine nachhaltige Beratungsleistung ergeben.

Ferner plädieren wir für einen Perspektivenwechsel im Kontext der Vermeidung von schädlichen Heuristiken und Biases (der Advocatus Diaboli etwa ist hierfür bestens geeignet) und bringen den Homo oeconomicus ins Spiel, wenn es denn die Situation zulässt. Bei kognitiven Verzerrungen ist eine sachorientierte Faktenvermittlung grundsätzlich geeignet, um zu besseren Entscheidungen zu gelangen. Denn bei klar strukturierten Entscheidungssituationen (z. B. beim Vergleich eindeutiger Produkt- oder Investitionsalternativen) ist eine Optimierung möglich und geboten. Bei emotionalen Verzerrungen hingegen, wenn Kunden beispielsweise schlecht gelaunt oder beseelt sind, werden Fakten schwierig an die Entscheider heranzubringen sein.

Da die Zielgruppe dieses Buches u. a. Studierende im Bachelorstudium sind und wir zudem versuchen, auch Praktiker mit diesem Werk in die Grundlagen der Behavioral Finance einzuführen, sind den Kapiteln bisweilen kurze, möglichst realistische Fallstudien zugeordnet.

Wir können mit unserem Ansatz sicherlich nicht allen Ansprüchen gerecht werden. Sowohl bei der inhaltlichen Strukturierung als auch bei der Auswahl der aufgegriffenen Themen mussten wir, wie im echten Leben auch, Kompromisse eingehen. Vielleicht ist uns dieser Kompromiss ja gelungen (Unterliegen wir etwa dem Optimismusbias?) oder aber wir hätten einen anderen Ansatz wählen sollen (Plagt uns vielleicht die Regretaversion?). Aber als Volkswirte sind wir geübt darin, im Nachhinein zu begründen, warum etwas gut oder weniger gut gelaufen ist.

Ein derartiges Buchprojekt ist nicht allein umsetzbar und wir wissen, dass wir hierbei Unterstützung hatten. Wir danken Herrn Dr. Uwe Fliegauf vom Kohlhammer Verlag für die freundliche, professionelle und zielführende Begleitung beim Entstehen des Werks.

Ein ganz besonderer Dank gebührt unseren Ehefrauen. Sie gaben Hinweise für das bessere Verständnis einzelner Passagen und sind eine wertvolle Stütze in allen beruflichen wie auch privaten Belangen. Daher widmen wir dieses Buch Ulrika Hilbert und Sonja Metzner.

Falls es in der inhaltlichen Darstellung trotz gebotener Sorgfalt zu Fehlern gekommen sein sollte, können wir leider nicht selbstwertdienlich argumentieren und anderen die Schuld zuweisen, sondern müssen es uns selbst anlasten.

Mannheim und Heidelberg,
im Februar 2021

Stefan Hilbert und Thomas Metzner

Literatur

Agrawal, K. (2012): Conceptual Framework of Behavioral Biases in Finance, in: The JUP Journal of Behavioral Finance, IX (1), 7-18

Beck, H. (2014): Behavioral Economics. Eine Einführung, Wiesbaden

Brümmerhoff, Dieter (2011): Finanzwissenschaft, 10. Auflage, München

Daxhammer, R. J. & Facsar, M. (2018): Behavioral Finance, 2. Auflage, Konstanz und München

Deutsche Börse (2020): DAX-Chart, online: https://www.boerse-frankfurt.de/index/dax?mic=XETR; abgerufen am 6.6.2020

Hare, T. A., Camerer, C. F. & Rangel, A. (2009): Self-Control in Decision-Making Involves Modulation oft he vmPFC Valuation System, in: Science, Vol. 324, May, 646 - 648

Kiesel, A. (o.J.): Verarbeitet das Gehirn 95 Prozent aller Informationen unbewusst?, online: https://www.spektrum.de/frage/verarbeitet-das-gehirn-95-prozent-aller-informationen-unbewusst/1616926, abgerufen am 22.7.2020

Thaler, R. H. & Sunstein, C. R. (2012): Nudge. Wie man kluge Entscheidungen anstößt, 2. Auflage, Berlin

I Entscheidungsrahmen und entscheidungstheoretische Grundlagen

Das Hauptkapitel I des Buches befasst sich mit dem Bedingungsrahmen, dem das Entscheidungsverhalten von Menschen zugrunde liegt. Unter Bedingungsrahmen soll alles verstanden werden, was dem eigentlichen Entscheidungsprozess vorgelagert ist oder ihn von außen aber auch durch die individuelle, einzigartige Wesensart des Menschen bestimmt (Agrawal, 2012, S. 14). Dabei handelt es sich um Beschränkungen und Überzeugungen, menschliche Grundbedürfnisse und die Art der Informationen, aber auch die Funktionsweise des Gehirns, die das Entscheiden ausmachen (▶ Abb. I.1).

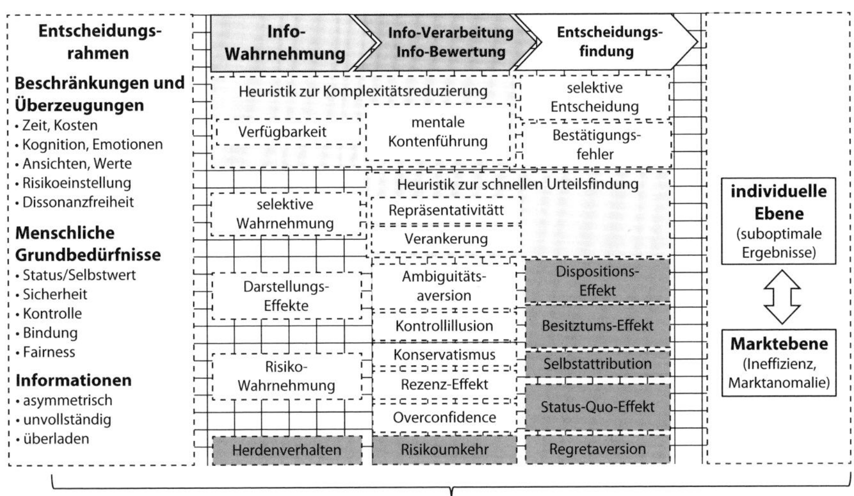

Abb. I.1: Die inhaltliche Struktur von Hauptkapitel I

Zeit und Kosten bestimmen darüber, von welcher quantitativen und qualitativen Art die Informationen für die Entscheidungsfindung sind. Ein institutioneller Investor mit einer entsprechenden Analyseabteilung kann mehr Kapazitäten auf die Auswahl und Auswertung von Informationen zu einzelnen Kapitalanlagearten verwenden als ein privater Anleger. BlackRock verwaltet weltweit ca. 14 Billionen USD für etwa 30.000 Investmentportfolios mithilfe seines Systems Aladdin®, um einzelne Kapitalanlagen sowie deren Korrelation innerhalb eines Gesamtportfolios zu steuern (BlackRock,

2020). BlackRock analysiert damit nicht nur den Markt, sondern ist in vielen Bereichen sogar der Markt. Private Investoren können dies nicht leisten, sie benötigen mehr Zeit für die Auswertung der für ihre Anlagestrategie erforderlichen Daten als eine professionelle Vermögensanlagegesellschaft oder ein Robo Advisor mit algorythmischen IT-Systemen.

Ferner sind wir Menschen zwar vernunftbegabt, können aber nicht frei von Emotionen entscheiden. Selbst vernünftiges Handeln ist meist nur unter Einbeziehung von Emotionen möglich. Schließlich determinieren Ansichten und Werte das Entscheidungsverhalten von Menschen, wie beispielsweise das steigende Interesse an nachhaltiger Kapitalanlage (▶ Abb. I.2).

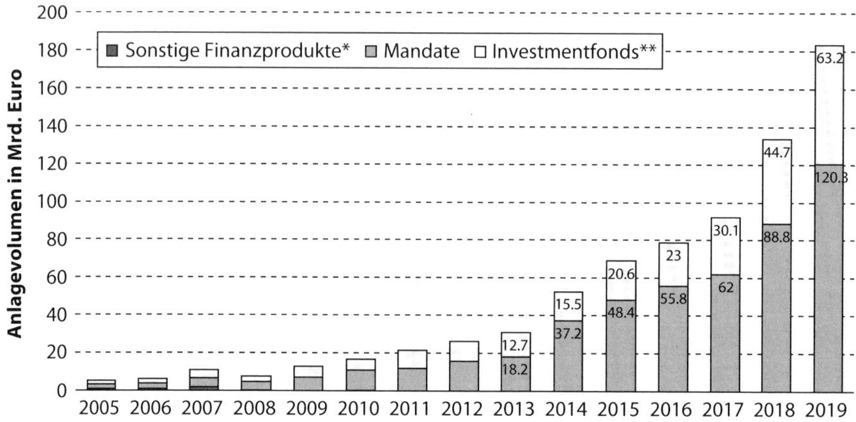

Abb. I.2: Entwicklung nachhaltiger Investments in Deutschland von 2005 bis 2019 (Quelle: Statista, 2020)

Nachhaltigkeit hat auch mit Haltung zu tun und bietet gerade für die Beratung ein weites Feld für Produkt- und Anlagelösungen. Die Haltung zu einzelnen Themen kann im Kontext der Beratung aber auch hinderlich sein, wenn etwa Blockaden emotionaler Art bei Kunden vorliegen (Kunde: ›Aktien sind Teufelswerk, das kaufe ich nicht.‹) und damit die Möglichkeit für eine erforderliche Diversifikation des Kundenportfolios ebenso erschwert wird wie die Möglichkeit, über die vertretbare Beimischung von Risikoanlagen in Zeiten von Nullzinsen eine höhere Rendite zu generieren. Haltung kann somit auch Anhalten und damit Verharren bedeuten, wie sich dies beispielsweise im Status-quo-Bias (▶ Kap. II) manifestieren kann.

Finanzentscheidungen sind immer auch mit Risiken verbunden und die Einstellung zum Risiko legt u. a. den Möglichkeitsraum von Kapitalanlagearten fest. Die Einstellung zu Risiken ist nicht fixiert, kann in unterschiedlichen Lebenssituationen variieren und wird von Kontroll- und Dissonanzvermeidungsmotiven beeinflusst. Ein Kunde kann beispielsweise einem riskanten Hobby nachgehen (z. B. Fallschirmspringen), sich aber in Kapitalanlageangelegenheiten sehr risikoscheu verhalten. Es ist wichtig, das eigene und das Risikoverhalten der Kunden in unterschiedlichen Lebenssituationen zu kennen. So sollte ein Fallschirmspringer über den Abschluss einer Risikolebensversicherung und einer Unfallversicherung nicht nur nachdenken. Aus dem Freizeitverhalten dann aber auf das Kapitalanlageverhalten schließen zu wollen, muss nicht zwangsläufig erfolgversprechend sein.

Menschen wollen aber auch im Denken und Handeln konsistent sein, sich bei ihren Entscheidungen wohl fühlen und kognitive Dissonanz vermeiden, zumal in der Gesellschaft der Konsistenz ein hoher Stellenwert zukommt. Um dies zu erreichen, passen Menschen ihre Meinung und/ oder ihr Verhalten an (Festinger, 1957, S. 2). Ein Kapitalanleger kann sich beispielsweise zwischen Aktie A und Aktie B entscheiden und wählt Aktie B. Während Aktie A in den folgenden Wochen stetige Kursanstiege verzeichnet, entwickelt sich Aktie B leicht rückläufig. Der Kunde befindet sich nun in einem Konflikt, denn die Kursentwicklung steht im Widerspruch zu seiner ursprünglichen Meinung, die Aktie B sei besser. Eine kognitive Dissonanz entsteht. Nun könnte sich der Kunde

- entweder von Aktie B trennen und seine frühere Entscheidung revidieren
- oder Informationen so für eine Begründung suchen, dass sie zur ursprünglichen Entscheidung des Kaufs der Aktie B wieder passt (selektive Wahrnehmung wäre die Folge).

Entgegen der Annahmen des Homo oeconomicus, der einer Maschine gleich rational und regelgebunden seine Entscheidungen trifft, werden Menschen von elementaren Grundbedürfnissen motivational beeinflusst. Diese Grundbedürfnisse sind neurowissenschaftlich gut erforscht und können vielfältig, unterschiedlich in der Gewichtung und mit wechselseitigen Wirkungen verbunden sein. Ein Überblick über ausgewählte Konzepte, die insbesondere im Kontext des Neuroleaderships angewendet werden, findet sich beispielsweise bei Schiefer und Gattner (Schiefer & Gattner, 2019, S. 17 ff.).

Im SCARF-Modell (Rock, 2011) wird das Annäherungs- und Vermeidungsverhalten von Menschen auf die zwei Grundfunktionsrichtungen des Gehirns zurückgeführt, nämlich Belohnungen zu maximieren und Bedrohungen zu minimieren. Aus dieser Überlegung heraus lassen sich fünf Grundbedürfnisse identifizieren, die sich im englischen Akronym SCARF widerspiegeln und die auf Motivation und Entscheidung Einfluss nehmen:

- **S**tatus (Status): Der soziale Status im Vergleich mit anderen ist für Menschen wichtig.
- **C**ertainty (Sicherheit): Menschen streben Sicherheit an und versuchen Muster für die Vorhersagbarkeit von Umweltzuständen zu erkennen.
- **A**utonomy (Unabhängigkeit): Eigenständigkeit und Kontrolle zu erlangen oder zu behalten sind wichtige Motive für Menschen.
- **R**elatedness (Verbundenheit): Menschen sind soziale Wesen und suchen meist den Bezug zu einer Gruppe, insbesondere in unklaren Situationen.

- Fairness (fairer Umgang): Das Fairnessmotiv ist ein wesentlicher Treiber menschlichen Verhaltens. Dies zeigen etwa die Ergebnisse des bekannten Experiments des Ultimatumspiels (Beck, 2014, S. 256 f.).

Shiller und Akerlof (2009) zeigen in ihrem Buch »Animal Spirits« die aus ihrer Sicht wesentlichen Treiber auf, die wirtschaftliches Zusammenwirken begründen. Denn aus ihrer Sicht findet Interaktion im Wirtschaftsleben eben nicht als rein technisches Konstrukt aus Mengen, Qualitäten und Preisen statt. Vielmehr sind Vertrauen, Korruption, Geldillusion und Geschichten sowie Fairness bedeutende Wesenselemente einer funktionierenden Wirtschaft.

Alleinige Gewinn- oder Nutzenmaximierung ist nachgewiesenermaßen nicht das alleinig vorherrschende Motiv von Menschen, auch und gerade im Kontext finanzwirtschaftlicher Fragestellungen. Häufig verhalten sich Menschen freundlicher und netter, als dies vom Modell des Eigennutzinteresses unterstellt wird. Menschen neigen jedoch auch dazu, bei feindlichen Reaktionen durch andere bösartiger und brutaler zu reagieren, als angenommen (Fehr & Gächter, 2000, S. 159).

All diese Aspekte machen Menschen zu dem, was sie sind, nämlich zu sozialen Wesen, die zudem Körper und Geist nicht voneinander trennen können. Physische und psychische Verfassung wirken auf das Entscheidungsverhalten ein, dies zeigt sich insbesondere im Zusammenhang mit Finanzentscheidungen, die bisweilen von Gier, Angst und Panik, aber auch Resignation getrieben werden. Und das Gehirn, als eine Schaltzentrale des Entscheidungsprozesses, ist nur begrenzt steuerbar. Es entscheidet häufig unbewusst, Menschen haben aber den Eindruck, alles im Griff zu haben. Zudem ist das Gehirn kein Computer, der Daten ablegt und immer wieder unverändert abrufen kann. Das Gehirn rekonstruiert Erfahrungen immer wieder neu und setzt sie in den jeweiligen Kontext. Daher empfinden Menschen vergangene Misserfolge (z. B. Crash nach dem Aufbau einer Spekulationsblase) in der Rückschau anders, als im Moment des eingetretenen Verlustes. Menschen begehen Fehler bisweilen mehrmals, das würde einem Computer, sofern sein Programm angepasst worden wäre, nicht passieren. Und das Gehirn liebt Geschichten, mit den darin enthaltenen lebhaften Darstellungen und den durch sie ausgelösten Gefühlen. Ratio und Emotion sind untrennbar miteinander verbunden.

Literatur zur Einführung

Agrawal, K. (2012): A Conceptual Framework of Behavioral Biases, in: Finance, in: The IUP Journal of Behavioral Finance, Vol. IX (1), 7-18

Beck, H. (2014): Behavioral Economics. Eine Einführung, Wiesbaden

BlackRock (2020): BlackRock Aladdin, online: https://www.blackrock.com/at/finanzberater-und-banken/uber-blackrock/risk-management-with-aladdin?switchLocale=y&siteEntryPassthrough=true, abgerufen am 14.7.2020

Fehr, E. & Gächter, S. (2000): Fairness and Retaliation: The Economics of Reciprocity, in: Journal of Economic Perspectives, Volume 14, Nr. 3, 159-181

Festinger, L. (1957): A Theory of Cognitive Dissonance, Stanford

Rock, D. (2011): Brain at Work, Frankfurt

Schiefer, G. & Gattner, R. (2019): Neuroleadership – die Grundannahmen in kritischer Analyse, Wiesbaden

Shiller, R. J. & Akerlof, G. A. (2009): Animal Spirits. Wie Wirtschaft wirklich funktioniert, Frankfurt

I.1 Das Dilemma der Entscheidung – zwischen Emotion und Selbstregulation

Entscheidungsfindung, Risiko, Homo oeconomicus, Emotionen, Herdenverhalten etc. können als Schlüsselworte herangezogen werden, die es rechtfertigen, sich mit einem relativ neuen Forschungsgebiet auseinanderzusetzen – der Kombination aus Erkenntnissen der Psychologie und der Neurowissenschaften. Werden diese Erkenntnisse weiter ergänzt um die Ökonomie, so widmet sich die Neuroökonomie als Sammelbegriff diversen betriebswirtschaftlichen Fragestellungen (z. B. Neuromarketing oder Neurofinance) und den im Gehirn ablaufenden Prozessen. Bestehende Einschränkungen, die die konventionelle Forschung limitieren, werden durch den gezielten Einsatz neuer ergänzender Methoden überwunden.

Stress, Vorurteile oder auch individuelle Eigenschaften bestimmen unser tägliches Handeln. Manche der zu treffenden Entscheidungen sind von trivialer Art und Weise, andere wiederum hoch komplex und von weitreichender Bedeutung. Es gilt Antworten auf Fragen zu finden, die teilweise noch weit entfernt von ökonomischen Sachverhalten sind:

- Welches Hemd ziehe ich heute an?
- Was frühstücke ich?
- Welches Notebook soll ich anschaffen?
- Welchen Arbeitgeber ziehe ich im Rahmen der Bewerbung vor?
- Welche Aktien soll ich im Hinblick auf den Vermögensaufbau kaufen?
- Wann gilt es, das Investment zu veräußern?
- Welches Buch zur Behavioral Finance kaufe ich?

Die Auswahl an Fragen verdeutlicht eine steigende Komplexität. Reicht es im einfachsten Fall noch aus, auf der Basis von Informationen Vor- und Nachteile abzuwägen und so zu einer rationalen Entscheidung zu kommen, so lässt bspw. der Geruch von frischen Brötchen den subjektiven Wert des Frühstücks deutlich anwachsen. Demnach zeigt sich hier bereits, dass bei der Entscheidung neben den bekannten rationalen auch nicht rationale Faktoren wie Empfindungen herangezogen werden.

Im weiteren Verlauf sollen menschliche Verhaltensweisen, basierend auf den Erkenntnissen der Neurowissenschaften, besser verständlich gemacht werden. Wesentlich hierfür ist, den Aufbau des Gehirns und dessen hauptsächlichen Funktionen ansatzweise darzustellen.

I.1.1 Neuroanatomie und kognitive Fähigkeiten

Die Neuroanatomie begann schon in der Antike, als dem Gehirn eine zentrale Rolle zugesprochen und kognitive Fähigkeiten bescheinigt wurden, »kognitive Fähigkeiten sind essenzielle Fähigkeiten des Menschen. Mit ihrer Hilfe ist der Mensch in der Lage, Informationen aufzunehmen, sie zu verarbeiten und daraus Erkenntnisse zu gewinnen.« (Doll, o.J.)

Über Lokalistations- und Äquipotenztheorie hinweg wurden im 20. Jahrhundert die biologisch-psychologischen Grundlagen für das noch verhältnismäßig junge Forschungsgebiet der Neuroökonomie gelegt.

Das wachsende Interesse am Zustandekommen relevanter Entscheidungen, als dem Ergebnis von Wahrnehmen und Verarbeiten von Signalen aus der Umwelt (Kognition) der Menschen, zeigt sich gerade im verstärkten Einsatz neurowissenschaftlicher Methoden. So können aktive Regionen des Gehirns (Böhmer, 2010, S. i-ii), hinsichtlich ihrer Anatomie und Funktionsweise mittels moderner bildgebender Verfahren, beispielsweise unter dem funktionellen Magnetresonanztomographen (fMRT) sowie mittels elektro-enzephalografischer Messungen (EEG) identifiziert und beschrieben werden (Chand & Dhamala, 2016/2, S. 85).

Das fMRT als nicht invasives Verfahren nutzt die unterschiedlichen magnetischen Eigenschaften von sauerstoffreichem und sauerstoffarmem Blut. Dabei sind Gehirnareale, die aktiviert sind, durch einen höheren Sauerstoffwechsel gekennzeichnet als Areale, die weniger in Anspruch genommen werden. Dahingegen misst das EEG die elektrische Aktivität im Gehirn mittels an der Kopfoberfläche befestigter Elektroden.

Durch die Verknüpfung von sichtbarem Verhalten – ausgelöst durch Stimuli – und den oben bereits erwähnten, nicht beobachtbaren Aktivitäten in unserem Gehirn müssen die gewonnen Erkenntnisse in die Theoriebildung einbezogen werden. Entscheiden ist kein abgrenzbarer Prozess, dessen Kern nicht klar lokalisiert und funktional abgebildet werden kann. Das Gehirn besteht eben nicht aus Schaltern, die bei schlechter Funktionsweise einfach ausgetauscht werden können, damit gutes Entscheiden möglich wird. Vielmehr wirkt auf den Entscheidungsprozess auch beispielweise der Charakter und die Sinnesart des Menschen ein. Zwei Beispiele sollen dies illustrieren:

- Das **Gefangenen-Dilemma** ist ein Spiel (Kreps, 1994, S. 453 f.), das das Verhalten von mehreren Akteuren bzw. Spielern innerhalb von verschiedenen Situationen untersucht, mathematisch darstellt und berechnet, wie sich die jeweiligen Spieler in den Szenarien wohl verhalten werden. Grundsätzlich haben die Spieler dabei zwei Entscheidungsmöglichkeiten: Sie können kooperieren oder die Kooperation ablehnen. Situationsbedingt und im Hinblick auf entscheidungsabhängige Handlungsergebnisse kann nun errechnet werden, wie sich Spieler A in Abhängigkeit von Spieler B verhalten wird und umgekehrt.
- Beim **Trolly-Dilemma** handelt es sich um ein gedankliches Experiment, bei dem ein moralisches Dilemma zu lösen ist (Goodall, 2016, S. 810 ff.). Angelehnt an den englischen Ausdruck für Straßenbahnen stellt das Experiment auf folgende

Versuchsanordnung ab: Eine Straßenbahn ist außer Kontrolle geraten und droht, fünf Personen zu überrollen. Durch Umstellen einer Weiche kann die Straßenbahn auf ein anderes Gleis umgeleitet werden. Unglücklicherweise befindet sich dort eine weitere Person. Darf durch eine Änderung der Weichenstellung, Umlegen der Weiche, der Tod einer Person in Kauf genommen werden, um das Leben von fünf Personen zu retten?

Beide Dilemma-Beispiele zeigen, dass der Entscheidungsprozess einen weiteren Blickwinkel einbezieht, den nämlich denjenigen von Ethik und Moral. Doch auch in der täglichen Praxis zeigt sich die Realitätsnähe dieser Zwickmühlen, wenn man nur die beiden Akteure mit den beiden Bewohnern einer WG tauscht, die die Spülmaschine ausräumen oder das Bad putzen (sollen).

I.1.1.1 Gehirn – zentrales Steuerungsorgan zwischen Emotion und Selbstregulation

Von den Anfängen der Entwicklung der Säugetiere bis zum heutigen Homo sapiens hat das Gehirn als zentrales Steuerungsorgan wesentliche Veränderungen erfahren (Gilbert et al., 2005, S. 1). So hat es an Größe zugenommen, jedoch sind auch wesentliche neue Elemente hinzugekommen (Caroll, 2003, S. 849). Das menschliche Gehirn verfügt gegenüber anderen Säugetieren über eine höhere Vielfalt von Verhaltensmustern wie beispielsweise die Sprache und den Gebrauch von Werkzeugen (Preuss et al., 2004, S. 881 f.). Auch abstrakte Fähigkeiten wie Selbstreflexion, symbolisches Denken und kulturelles Lernen sind vor allem dem Menschen eigen (Northoff, 2006, S. 440). Diese Merkmale verstärken sich gegenseitig: Kultur formt menschliches Denken und fördert Selbstreflexion (Donald, 2000, S. 19 ff.).

Das menschliche Gehirn ist aus verschiedenen Schichten und in verschiedenen Ebenen aufgebaut. Dabei erfolgt vom Rückenmark zum Gehirn hin eine enorme Volumenvergrößerung. Diese zeigt sich in der Faltenstruktur des Großhirns und des Kleinhirns. Das Großhirn ist zentral für die bewussten Denkprozesse und Entscheidungen des Menschen verantwortlich. Es ist in vier Lappen und zwei Hälften gegliedert, die durch den sogenannten Balken (Corpus callosum) verbunden sind (Böhmer, 2010, S. 11 f.).

Andere Abschnitte des menschlichen Gehirns, wie beispielsweise das Rückenmark, Stammhirn und Mittelhirn, sind stärker für unbewusste Vorgänge zuständig (► Abb. I.3). Die Steuerung der Motorik geht in hohem Umfang vom Kleinhirn aus, welches im hinteren Teil des Schädels verortet ist. Der Thalamus und Hypothalamus nehmen in zentraler Lage eine Schaltstelle ein, die Großhirn und andere Gehirnareale verbindet (Patton & Thidbodeau, 2014, S. 448 ff.).

Ähnlich wie bei einem Computer arbeitet keine Hirnregion isoliert für sich. Stattdessen lassen sich unterschiedliche Komplexitätsebenen erkennen, die auf unterschiedliche Verhaltensweisen schließen lassen. Bezogen auf ein rationales oder durchdachtes Vorgehen zählen Emotionen in vielen Situationen zu den eher

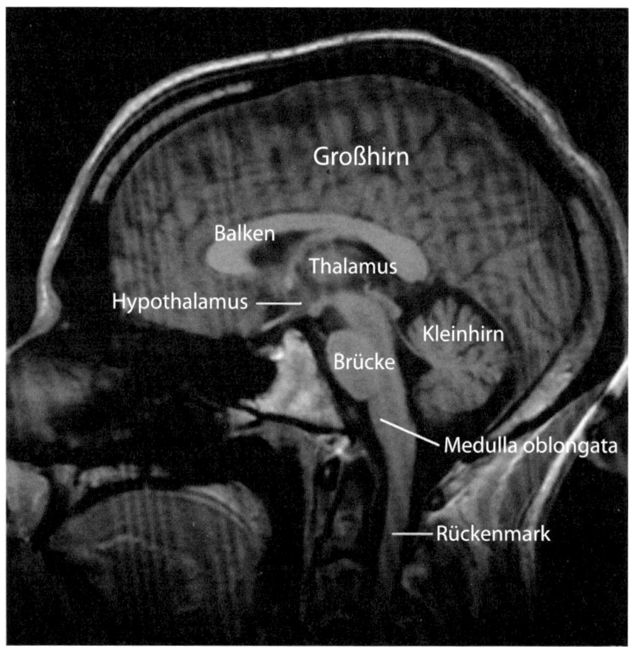

Abb. I.3: MRT-Bild eines menschlichen Gehirns (Quelle: Chrischan, https://de.wikipedia.org/wiki/Datei:Labeledbrain.jpg, abgerufen am 28.10.20; CC BY-SA 3.0-Lizenz)

unerwünschten Eigenschaften. Dennoch gehören Emotionen zu unserer Lebenswirklichkeit, bestimmen sie doch als evolutionsbiologisches Frühwarnsystem unser Sein. Sind sie nicht vorhanden, hat dies – wie zwischenzeitlich erkennbar – bedrohliche Zustände und/oder soziale Komplikationen zur Folge. Tabelle I.1 gibt einen Überblick über die verschiedenen Emotionen, deren Auslöser und Funktionen.

Tab. I.1: Auslöser und Funktion von Emotionen

Auslöser	Verhalten	Funktion
Angst	sich zurückziehen	beschützen
Überraschung	erstarren	(neu-)orientieren
Wut	angreifen	zerstören

Folglich kann unter **Emotion** ein »kurzfristig, stimulusabhängiges Erleben von Reizen« (Lammers, 2011, S. 29) verstanden werden.

Als bedrohlicher oder angstauslösender Zustand kann das Auftreffen auf eine giftige Schlange oder Spinne angeführt werden. Die Reaktionen sind vielfältig und können als unbewusst ablaufende Prozesse angesehen werden. Es erfolgt u. a. ein Anstieg von Herztätigkeit und Blutdruck. Ein Effekt, der über die Thalamus-Amygdala-Verbindungen und langsamer über die kortikalen Verbindungen von der Sehrinde zur Amygdala hervorgerufen wird. Damit ist die Amygdala eine zentrale Schaltstelle im Gehirn. Hier wird in Millisekunden-Geschwindigkeit entschieden (▶ Abb. I.4), ob ein Reiz für den Organismus schädlich oder von Vorteil ist. Dieses emotionale Zentrum kontrolliert folglich unsere Gemütsbewegungen wie Wut, Angst oder Freude und hat Einfluss auf das Gedächtnis und die Merkfähigkeit. Darüber hinaus ist es an Übertragungen vom Kurzzeit- an das Langzeitgedächtnis beteiligt (Pritzel, Brand, & Markowitsch, 2003, S. 29).

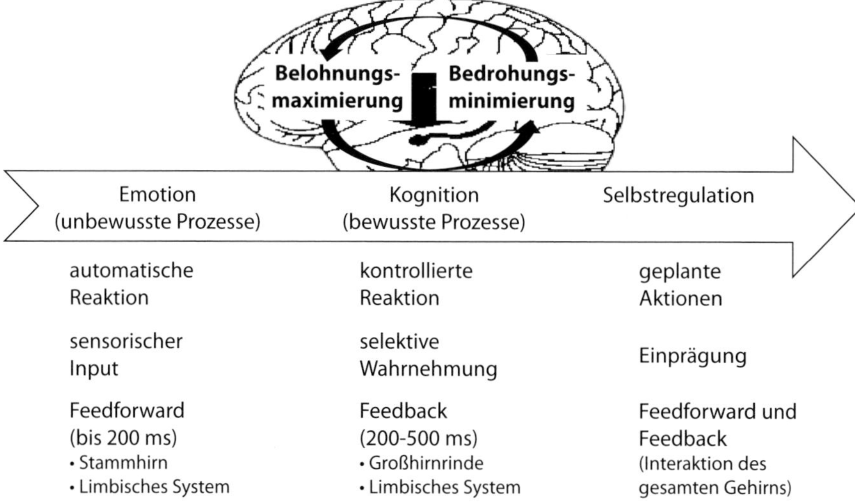

Abb. I.4: Von der automatischen zur geplanten Reaktion (Quelle: Eigene Darstellung in Anlehnung an Derouiche, A., 2011, S. 12 ff.)

Die Amygdala ist Teil des sog. limbischen Systems, eines der entwicklungsgeschichtlich älteren Bereiche des Gehirns, das sich zwischen dem Neocortex (Teil der Großhirnrinde) und dem Hirnstamm befindet. Es ist ein Bereich, der sich wie ein Ring um die Basalganglien und den Thalamus legt (▶ Abb. I.5).

Stellen die Emotionen noch unbewusst ablaufende Prozesse dar, so ist es das Ziel der Selbstregulation, eigenes Verhalten im Hinblick auf anzustrebende Zustände bewusst zu steuern. So kann beispielsweise durch den Einsatz selbstregulativer Techniken die psychischen (kognitiven) und physischen Reaktionen auf bestimmte Zustände, wie die oben angeführte Angst vor Schlangen oder Spinnen gemindert und teilweise sogar ganz abgebaut werden. Es kommt zu einer messbaren Abnahme physiologischer Erregungszustände wie Herzfrequenz oder Atemfrequenz. Es findet eine Interaktion der unterschiedlichsten Gehirnareale statt.

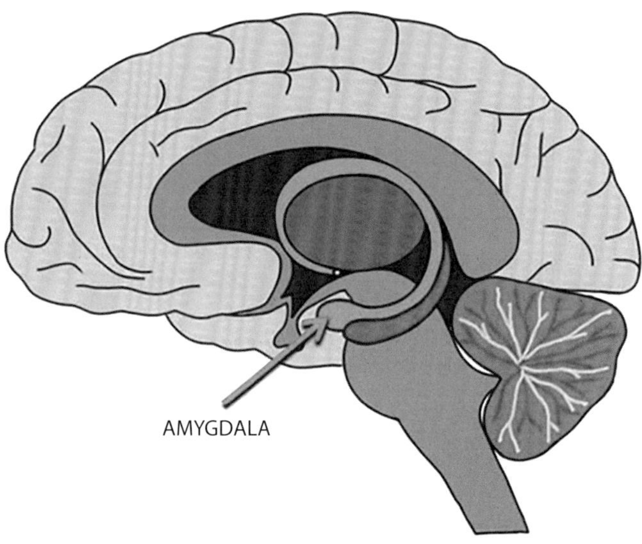

Abb. I.5: Die Amygdala (Quelle: https://www.neuroscientificallychallenged.com/blog/know-your-brain-amygdala, abgerufen am 28.10.20;CC BY-SA 4.0-Lizenz)

I.1.1.2 Der präfrontale Cortex im Kontext der rationalen Entscheidungsfindung

Der präfrontale Cortex, also der Stirnlappen des Großhirns, kommt bei geplant-rationalen Entscheidungsprozessen zum Einsatz. Dieser ist bei Menschen (und auch Primaten) gegenüber anderen Säugetieren besonders prägnant ausgebildet. Im präfrontalen Cortex werden Entscheidungen getroffen, die eine Anpassung an die Umwelt zum Ziel haben (Taubert et al., 2010, S. 1670). Beim Menschen ist gegenüber anderen Primaten vor allem der frontro-polare Cortex (als vorderster Teil des präfrontalen Cortex – direkt hinter der Stirn) stark ausgebildet, welcher für bewusste Reflexion auch über die eigene Persönlichkeit und eigene Entscheidungen verantwortlich ist (Koechlin & Hyafil, 2007, S. 594). Menschen unterscheiden sich aufgrund des Volumens von grauen und weißen Zellen im präfrontalen Cortex hinsichtlich ihrer Möglichkeiten rationale Entscheidungen zu treffen (Fleming et al., 2010, S. 1541).

Bemerkenswert in diesem Zusammenhang ist der Fall des Phineas Gage (1823-1860), der im Sommer 1848 einen schweren Arbeitsunfall erlitt, bei dem eine Eisenstange seinen Schädelknochen unterhalb des Auges durchbohrte und an der Schädeldecke wieder austrat (► Abb. I.6).

Wie durch ein Wunder überlebt Gage. Der erstversorgende Arzt stellte fest, dass Gage völlig normal sprach und sich auch erinnern konnte – das episodische Gedächtnis war intakt. Auffällig nach dem Unfall war allerdings, dass bewegende Situationen überhaupt keine Gefühlsreaktionen mehr auslösten. Umgekehrt konnte es in emotional neutralen Situationen zu Wut- oder Freudenausbrüchen kommen.

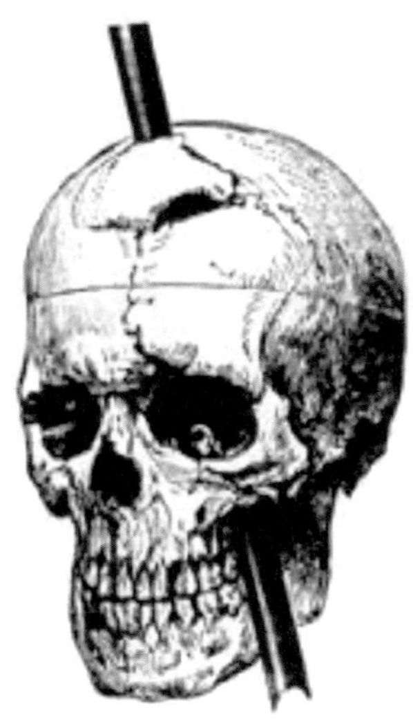

Abb. I.6: Foto von Phineas Gage und Darstellung seiner Hirnverletzung (Quelle: https://commons.wikimedia.org/wiki/File:Phineas_Gage_GageMillerPhoto2010-02-17_Unretouched_Color_Cropped.jpg, abgerufen am 18.08.20, CC BY-SA 3.0-Lizenz; John M. Harlow, M.D., »Skull diagram of Phineas Gage,« *RUSS 151: »How Things Matter«*, http://omeka.macalester.edu/courses/russ151/items/show/10, abgerufen am 28.10.20)

Sozial und situativ angemessene Verhaltensweisen traten in den Hintergrund. Man nahm an, dass die selektiven Schädigungen des präfrontalen Cortex in Phineas Gages Gehirn ursächlich daran waren, dass er weitgehend die Fähigkeit verloren hatte, seine Zukunft zu planen, sich nach sozialen Regeln zu richten und die Handlungsabläufe zu wählen, die letztlich für ihn überlebenswichtig waren (Pritzel, Brand, & Markowitsch, 2003, S. 397). So fehlten u. a. Eigenschaften, die den Homo oeconomicus und sein rationales Entscheiden ausmachen. Dennoch: Menschliches Denken verläuft, wie neuere neuroanatomische Studien belegen, nicht immer rein rational.

Zunächst sind an Entscheidungsprozessen nicht nur der präfrontale Cortex beteiligt, vielmehr spielt auch die Motivation zur Entscheidung eine Rolle. Diese entsteht aufgrund sogenannter Kontextkontrolle und episodische Steuerung oder Kontrolle. So wird in einen Entscheidungsprozess stets der aktuelle Handlungszusammenhang (Kontext) einbezogen und auch vergangene Erfahrungen, also ähnliche Episoden werden für die Entscheidungsfindung berücksichtigt. Diese Prozesse laufen im Seitenlappen des Großhirns ab (Egner, 2009, S. 821).

Bei komplexen Entscheidungsaufgaben agieren Großhirn und andere Hirnareale in einem intensiven Zusammenspiel (Chand & Dhamala, 2016/1, S. 1; Chand & Dhamala,

2017, S. 381). Bei komplexen Denkvorgängen ist die Aktivität des gesamten neuronalen Netzwerks im Gehirn dem Entscheidungsprozess, der im präfrontalen Cortex abläuft, sogar zeitlich vorgelagert. Dieser Interaktionsprozess zwischen den tieferen auch emotionalen und unbewussten Ebenen des Gehirns beansprucht einen Großteil der Zeit, der zwischen Reizaufnahme und Entscheidung verstreicht (Chand & Dhamala, 2016/2, S. 85). Das vordere Inselnetzwerk, welches zwischen Frontallappen und Hinterhaupt verortet ist, nimmt bei komplexen Entscheidungsaufgaben eine zentrale vermittelnde Rolle ein (Chand & Dhamala, 2017, S. 383).

Menschliches Denken in komplexen Entscheidungssituationen verbindet somit rationale Reflexion vielfach unbewusst mit emotionalen, situativen und erlernten Mustern.

I.1.1.3 Der Reiz als darstellbarer Auslöser von Gehirnaktivität

Das menschliche Gehirn wird durch positive und negative Reize konditioniert. Ein durchaus angenehmer (An-)Reiz kann eine Belohnung darstellen und kennzeichnet folglich einen grundlegenden Treiber menschlichen Verhaltens. Wohingegen die Bestrafung als negativ anzusehen ist.

Positive Reize, die ein angenehmes körperliches Empfinden auslösen, z. B. gutes Essen, lösen automatisch eine Belohnung (gutes Empfinden) aus. Die Höhe der gefühlten, wahrgenommenen Belohnung ist allerdings individuell unterschiedlich. Ähnlich aktivierend wirken auch folgende Reize:

- Statussymbole,
- monetäre Gewinne,
- erotische Motive.

In den letzten Jahren haben sich die Untersuchungsmethoden innerhalb der Neurowissenschaften grundlegend weiterentwickelt. Gerade die bildgebenden Verfahren wie die Magnetresonanztomographie (MRT) oder die funktionelle Magnetresonanztomographie (fMRT) als deren Weiterentwicklung lassen direkte oder indirekte Rückschlüsse auf die betroffenen Gehirnareale zu. Strukturelle Verfahren wie das MRT erlauben keine Aussagen zu Aktivitäten der Nervenzellen. Dagegen ermöglichen die funktionellen Verfahren (fMRT) eine Unterscheidung zwischen aktiven und nicht aktiven Hirnregionen, ausgelöst durch einen entsprechenden Reiz. Ursächlich hierfür ist, dass das Gehirn bei Aktivität innerhalb von Sekunden einen deutlich höheren Sauerstoffverbrauch aufweist. Es erfolgt eine erhöhte Zufuhr mit sauerstoffangereichertem Blut in die entsprechende Region.

Die Charakteristik, dass sauerstoffreiches und sauerstoffarmes Blut unterschiedliche magnetische Eigenschaften besitzen, ist unter dem BOLD (BLood-Oxygen-Level-Dependent)-Effekt in der Literatur beschrieben. Mittels fortlaufender Aufnahmen des fMRT lassen sich die Aktivitäten neuronaler Prozesse nahezu in Echtzeit abbilden (Vaitl, 2006, S. 19).

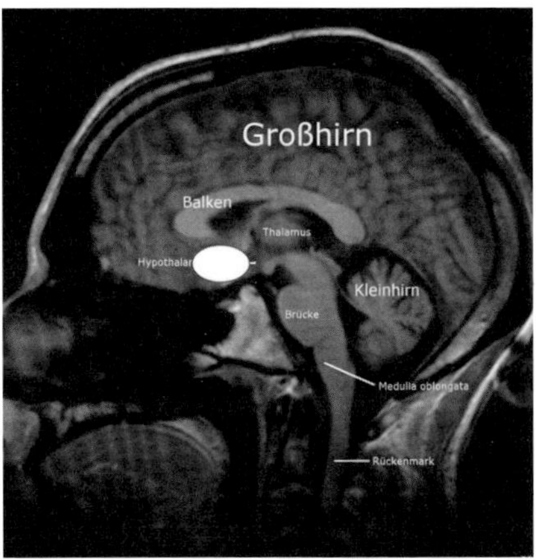

Abb. I.7: Erwartung der Belohnung (Quelle: Eigene Darstellung in Anlehnung an Chrischan, https://de.wikipedia.org/wiki/Datei:Labeledbrain.jpg, abgerufen am 28.10.20; CC BY-SA 3.0-Lizenz)

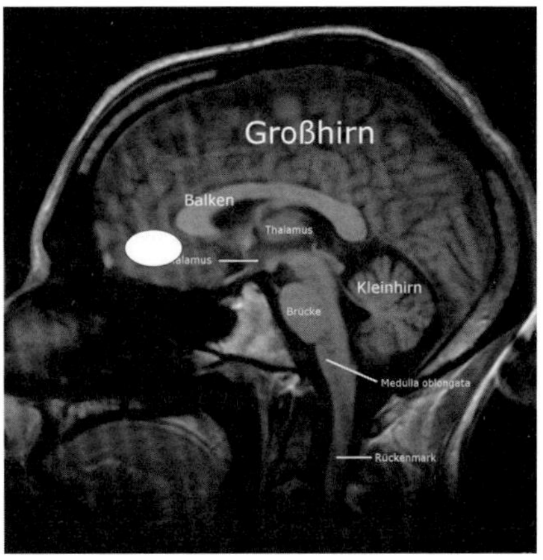

Abb. I.8: Erhalt der Belohnung (Quelle: Eigene Darstellung in Anlehnung an Chrischan, https://de.wikipedia.org/wiki/Datei:Labeledbrain.jpg, abgerufen am 28.10.20; CC BY-SA 3.0-Lizenz)

Bei positiven Reizen werden die betroffenen Regionen stärker aktiviert und es erfolgt eine verstärkende Rückkopplung. Bei negativen Reizen werden die gleichen Regionen schwächer als im Normalzustand aktiviert und es erfolgt eine Reizvermeidung (Böhmer, 2010, S. 36).

Allerdings unterscheidet das menschliche Gehirn hinsichtlich dieser Stimulation nicht zwischen verschiedenen Reizen. So wird eine Belohnung, z. B. durch positive Eindrücke oder Nahrung, gleichermaßen wie ein wirtschaftlicher Gewinn durch stärke Durchblutung des präfrontalen Cortex und auch anderen Arealen angezeigt. Eine Bestrafung oder ein wirtschaftlicher Verlust bewirkt eine geringere Durchblutung (Tom et al., 2007, S. 129; Dunning & Hajcak, 2007, S 1875).

Bei Entscheidungen unter Risiko und Unsicherheit werden neben dem präfrontalen Cortex auch die Seitenlappen des Gehirns sowie das Kleinhirn aktiviert (Levy et al., 2010, S. 1036 f.). Entscheidungen laufen in dieser Situation somit nicht rein rational, sondern unter Berücksichtigung der situativen Rahmenfaktoren, bisheriger Erfahrungen und Emotionen ab.

I.1.2 Neuroanatomie – Basis einer erweiterten Finanztheorie

Diese neuen Erkenntnisse aus der Neuroanatomie stellen die neoklassische Kapitalmarkttheorie in Frage. Letztere geht auf die Analysen von Modigliani & Miller (1958, S. 261) zurück und postuliert, dass Marktteilnehmer unter Risiko stets rational ihren wirtschaftlichen Nutzen maximieren (Matschke, 2004, S. 683). Der Nutzen resultiert aus einer systematischen Abwägung von Risiko und Ertragsperspektive unter Berücksichtigung der individuellen Risikoneigung. Handeln auf einem vollständig informationseffizienten und vollständigen Kapitalmarkt alle Wirtschaftssubjekte in dieser Weise, kommt es zu einer fairen Bewertung aller Assets, so dass über die Risikoexposition der Erwartungswert der Rendite mittels eines linearen Modells prognostiziert werden kann (Laux & Schabel, 2008, S. 22 f.).

Bereits psychologische Beobachtungen der Verhaltensforschung und die daraus für die Wirtschaftswissenschaften abgeleitete Behavioral Economics hat die Praxistauglichkeit des neoklassischen Marktmodells in Frage gestellt. Mit der Behavioral Finance-Theorie, die auf psychologischen Forschungsarbeiten von Tversky und Kahnemann (1992, S. 297 ff.) zurückgeht, können irrationales Anlegerverhalten und Herdeneffekte im Nachhinein teilweise erklärt werden (Bloomfield, 2008, S. 440). Eine exakte Prognose neuer außerordentlicher Reaktionen ist aufgrund der Vielfalt der Entwicklungsmöglichkeiten jedoch ausgeschlossen (Barberis & Thaler, 2003, S. 1122).

Durch die Neuroanatomie (▶ Kap. I.1.1) können die Ansätze der Behavioral Finance nun fundiert werden, denn aufgrund bildgebender Verfahren und elektrografischer Messungen wird deutlich, in welchen Teilen des Gehirns welche Abläufe unter welchen Reizwirkungen ablaufen (Kaufmann & Voegtlin, 2011, S. 7 f.). Gegenüber klassischen Befragungen von Probanden wird mittels der Methoden der Neuroanatomie deutlich, welche Wirkungsketten auftreten (Priddat & Kabalak, 2008, S. 138).

I.1.3 Neurofinance – integrativer Erklärungsansatz für lückenhafte klassische Finanztheorien

Die Neurofinance stellt einen neuen integrativen Forschungssatz dar, der Wirtschaftswissenschaften und Neurowissenschaften verbindet (Miendlarzewska et al., 2019, S. 196), indem für die Analyse von wirtschaftlichen Entscheidungen neurowissenschaftliche Auswertungsverfahren herangezogen werden (Rocha et al., 2013, S. 1). Damit bestätigt die Neurofinance neuroanatomische Forschungsergebnisse.

Bei finanzwirtschaftlichen Entscheidungen interagieren alle Regionen des frontalen Cortex und auch des Hippocampus sowie weiterer tieferliegender Hirnregionen. Die Interaktion dieser Areale ist individuell und auch geschlechtsspezifisch verschieden ausgeprägt, was zu verschiedenartigen Entscheidungsmustern und Resultaten führt (Rocha et al, 2013, S. 11).

Bei allen finanziellen Entscheidungen werden Regionen im Gehirn aktiviert, die zugleich für die Analyse grundlegender Bedürfnisse und Umweltsituationen erforderlich sind und dabei spielen stets rationales Denken, Erfahrungen, Einschätzungen der aktuellen Situation sowie Emotionen zusammen. Aufgrund neuer Ereignisse werden bestehende Strukturen im Gehirn modifiziert, um sich besser an neue ähnliche Entscheidungssituationen anpassen zu können. Diese Entwicklung ist individuell und bestimmt bspw. unsere Risikoaversion (Canessa et al., 2017, S. 257).

Die Neurofinance zeigt, dass Entscheidungsmuster, die von einem rationalen ökonomischen Optimum abweichen, dennoch aus biologischer Perspektive optimal sein können. So können Grenzen der rationalen Denkfähigkeit umgangen werden, indem vereinfachende Entscheidungen getroffen werden, die dennoch die aufgrund von Erfahrungswerten notwendigen Daten berücksichtigen (Miendlarzewska et al., 2019, S. 197 f.).

Das Zusammenspiel von rationalem Denken sowie situativer und affektiver Faktoren macht Menschen jedoch zugleich empfänglich für psychologische Trends, die sich in einer Gruppe von Menschen aufschaukeln können. Die Mehrzahl der Menschen neigt gemäß Experimenten von Frydman (2012, S. 35 ff.) dazu, Gewinntrades zu halten und auf weitere Gewinne zu hoffen, auch wenn es kleine Rückschläge gibt. Jedoch schlägt die Meinung der Mehrheit im Falle akuter Verluste oft schlagartig um und es kommt zu einem Massenverkauf, da sich Individuen vom Verhalten anderer anstecken lassen. So lassen sich Massenpaniken erklären (da Rocha, 2013, S. 18 f.).

Es ist länger schon bekannt, dass Strategien zu entwickeln sind, damit Anleger die biologisch programmierten und neuroanatomisch nachgewiesenen Verhaltensmuster modifizieren können. So könnten Investmentverluste vermieden werden (Tseng, 2006, S. 16).

Gewiss steht die Neurofinance mit diesen Forschungsergebnissen erst am Anfang. Doch zeigen die Ausführungen bereits, dass komplexe Entscheidungen nicht in die vereinfachte Welt eines Homo oeconomicus passen. Emotionen spielen neben der Kognition eine wichtige Rolle. Die Erkenntnis hierüber ist ein wichtiger Beitrag, der die Ökonomie vom rein rationalen/ kognitiven zu einem kognitiv/ affektiven Ansatz weiterentwickeln lässt.

I.1.4 Duales Handlungsmodell im Kontext des Entscheidungsverhaltens

In einer sicheren Welt wäre das Entscheiden einfach. Handlungsalternativen wären bekannt und auch die Konsequenzen des Handelns könnten vorab bestimmt werden. Kurzum, die Entscheidungssituation wäre wohldefiniert. Schwankungen an den Kapitalmärkten würden etwa nicht auftreten und die Wertentwicklungen der Assets wären gleichmäßig und vorhersehbar. Schöne, aber langweilige Welt.

Tagtäglich sind wir mit Entscheidungssituationen konfrontiert. Eine Vielzahl dieser Entscheidungen nehmen wir nicht bewusst wahr, sie erfolgen unter Zuhilfenahme unseres Systems 1 (automatisches System) und erfordern kein oder nur wenig Involvement, geschweige denn kognitive Anstrengung. Stellen sich die Dinge jedoch komplizierter dar oder müssen beispielsweise Berechnungen angestellt werden, um Finanzentscheidungen treffen zu können, ist ein Mehr an Gehirnkapazität erforderlich und die entsprechenden Prozeduren finden in System 2 (reflektierendes System) statt (► Abb. I.9). Die Unterscheidung in zwei kognitive Systeme geht auf den Psychologen und Verhaltensökonomen Kahneman (Kahneman, 2011, S. 32 ff.) zurück. Diese beiden Systeme, die zum einen unbewusst ablaufendes Denken und zum anderen logisches bzw. berechnendes Denken charakterisieren, werden auch »Duales Handlungsmodell« genannt.

Entscheidungen werden in System 1 getroffen, wenn wir über die Konsequenzen der Entscheidung nicht groß nachdenken müssen. Die Prozeduren laufen dann routinisiert oder standardisiert ab (z. B. eine Überweisung tätigen), einfache Matching-Prozesse ausreichen (Kunde: ›Ah, an dieser Supermarktkasse kann ich kostenlos Geld abheben, wenn ich für 10 Euro einkaufe!‹) oder die Konsequenzen keine lebens- oder existenzgefährdenden Auswirkungen haben (Kunde: ›Dann hebe ich halt an diesem Geldautomaten mein Bargeld ab, obwohl ich 5 Euro Gebühren zu bezahlen habe und laufe nicht noch 2 Kilometer bis zum nächsten Automaten.‹).

In vielen Bereichen hingegen erfordert der Entscheidungsprozess (oder zumindest sollte er dies) ein stärkeres Involvement und ein Mehr an kognitiver Anstrengung. Handlungsoptionen müssen bewertet werden (Kunde: »Ist das Kontomodell A oder B für mich geeigneter?«) und künftige Auswirkungen der heutigen Entscheidung sind einzubeziehen (Kunde: »Wähle ich als Altersvorsorge ein Versicherungsprodukt mit Garantie oder den Sparplan mit ETFs?«). Diese Entscheidungssituationen stellen sich wesentlich komplexer dar, eine Bewertung von Alternativen ist vorzunehmen und bisweilen müssen künftige Umweltzustände konstruiert werden. Beispielsweise ist kognitives Involvement der Kunden bei Altersvorsorgeprodukten erforderlich oder bei der Baufinanzierung des Eigenheims. Entscheidungen dieser Kategorien finden (hoffentlich) mit Bedacht in System 2 statt.

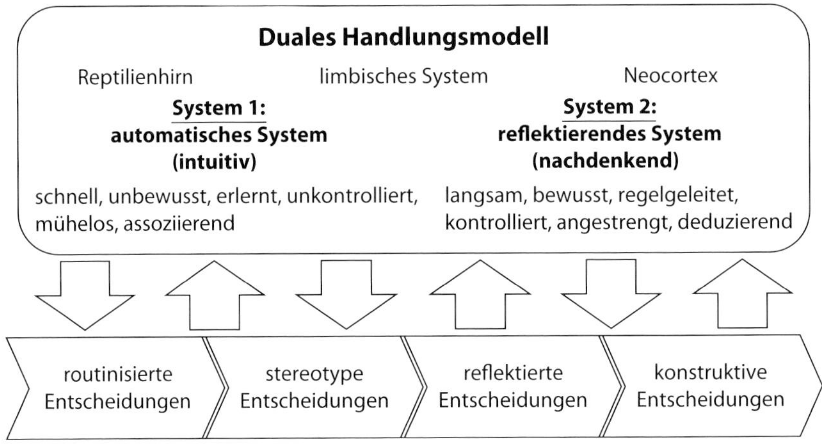

Abb. I.9: Duales Handlungsmodell – Wie wir entscheiden (Quelle: Eigene Darstellung in Anlehnung an Hofmann & Friese, 2010, und Jungermann, Pfister & Fischer, 2010)

Zwischen System 1 und System 2 können aber auch Verbindungen bestehen, sei es, dass etwa durch externe Reize (z. B. Werbung) von System 2 ins System 1 gewechselt wird. Die Werbebranche ist gut darin, Konsumenten ins automatische und teilweise von Emotionen geleitete System 1 zu locken.

Ungeachtet dessen kann dieser Wechsel aber auch gewollt sein, man spricht dann von Lernen. Jeder erinnert sich bestimmt an die erste Fahrstunde. Viele Informationen mussten aufgenommen, bewertet und dann in Handlungen umgesetzt werden. System 2 war stark gefordert, der gesamte Prozess erfolgte bewusst, langsam und angestrengt. Einige Zeit später, bei manchen schneller, bei anderen langsamer, hat der Lernprozess dazu geführt, dass die Entscheidungen im Zusammenhang mit dem Autofahren größtenteils leicht von der Hand gehen und weniger kognitive Anstrengung erforderlich ist. Der Lernprozess hat dazu geführt, dass Entscheidungen automatisch von System 1 getroffen werden können.

Die unterschiedlichen Entscheidungssysteme macht sich auch die Werbung für Finanzdienstleistungsprodukte zunutze, dabei kommen sowohl behavioristische als auch rationale Instrumente zum Einsatz. Es konnte nämlich festgestellt werden, dass Entscheidungen von Inverstoren bei riskanten Produkten eher in System 1 und damit schnell und automatisch vorgenommen werden. Bei als wenig riskant zu klassifizierenden Finanzprodukten erfolgt die Entscheidung bei vielen Menschen vornehmlich mit Bedacht und reflektiert in System 2, so dass die Werbung sich auf Fakten und Daten konzentrierte (Ferretti & Pancotto & Rubaletti, 2017, S. 29 f.). Daraus könnte geschlussfolgert werden, dass Entscheidungen am Aktienmarkt gerade bei privaten Anlegern eher emotional getriggert und verstärkt in System 1 anzusiedeln sind. Der Entscheidungsprozess bei Baufinanzierungsalternativen hingegen ist wegen seiner klaren Parameter (z. B. Laufzeit, Zins- und Tilgungssatz, Zinsbindung) und der damit einhergehenden Sicherheit im reflektierenden System 2 angesiedelt.

Im Zusammenhang mit einer nachhaltigen und guten Finanzberatung muss eben berücksichtigt werden, dass das Denken kontextabhängig in zwei Systemen erfolgt. Denn Kunden, die über den Bausparvertrag nachdenken, da sie vielleicht nur einmal im Leben die Anschaffung einer Immobilie vornehmen, oder Kunden, die in jungen Jahren über ihre Altersvorsorge entscheiden sollen, befinden sich kognitiv in System 2. Berater, die täglich mit Finanzentscheidungen befasst sind und Immobilienfinanzierungen und Altersvorsorgeprodukte beherrschen, haben Routine und sind meist in System 1. Der Perspektivenwechsel ist also wichtig, um Kunden besser zu verstehen und nicht im Beratungsgespräch zu verlieren.

I.1.5 Kontrollfragen

1. In welchem Teil unseres Gehirns werden Vor- und Nachteile rational abgewogen und Erfahrungswissen aufgearbeitet?
2. Worin unterscheiden sich Bauchgefühl von Intuition?
3. Nennen Sie Bestandteile und Funktion des sog. limbischen Systems?
4. Was ist unter System 1 und System 2 zu verstehen?
5. Wann befinden Sie sich selbst in System 1 und wann in System 2? - Notieren Sie auf ein Papier (für die digital Natives auf Ihrem Pad oder das Notebook), bei welchen Entscheidungen Sie in den letzten Wochen besser System 2 aktiviert hätten: Wie hätten Sie dies erreichen können?

Literatur zu Kapitel I.1

Barberis, N., & Thaler, R. (2003): A survey of behavioral finance, Handbook of the Economics of Finance, Nr. 1, 1053-1128.

Bloomfield, R. (2008): Behavioural finance, in: The New Palgrave Dictionary of Economics: Volume 1-8, 438-444.

Böhmer, G. (2010): Neuroökonomie (Neuroeconomics), Neuronale Mechanismen ökonomischer Entscheidungen, Institut für Physiologie und Pathophysiologie an der Johannes Gutenberg-Universität, Mainz, online: https://publications.ub.uni-mainz.de/opus/frontdoor.php?source_opus=2299&la=de, abgerufen am 3.4.2020

Canessa, N., Crespi, C., Baud-Bovy, G., Dodich, A., Falini, A., Antonellis, G., & Cappa, S. F. (2017): Neural markers of loss aversion in resting-state brain activity, in: NeuroImage, 146, 257-265.

Carroll, S. B. (2003): Genetics and the making of Homo sapiens, in: Nature, 422 (6934), 849

Chand, G. B., & Dhamala, M. (2016/1): Interactions among the brain default-mode, salience, and central-executive networks during perceptual decision-making of moving dots, in: Brain connectivity, 6(3), 249-254

Chand, G. B., & Dhamala, M. (2016/2): The salience network dynamics in perceptual decision-making, in: Neuroimage, 134, 85-93

Chand, G. B., & Dhamala, M. (2017): Interactions between the anterior cingulate-insula network and the fronto-parietal network during perceptual decision-making, in: Neuroimage, 152, 381-389

da Rocha, A., Lima Filho, R., Costa, H., & Lima, I. (2013): The 2008 crisis from the Neurofinance perspective: Investor humor and market sentiment, available at SSRN 2332200 Online https://www.researchgate.net/publication/257221759_The_2008_Crisis_from_the_Neurofinance_Perspective_Investor_Humor_and_Market_Sentiment

Derouiche, A. (2011): Eine kleine Neuroanatomie; in: Reimann, M.; Weber, B.: Neuroökonomie, Wiesbaden, 11-41

Doll, J. (o.J.): Kognitive Fähigkeiten des Menschen, online: https://www.medien.ifi.lmu.de/lehre/ws0506/mmi1/kognitive-faehigkeiten-doll.xhtml abgerufen am 31.07.2020

Donald, M. (2000): The central role of culture in cognitive evolution: a reflexion on the myth of the« isolated mind«, Culture, thought and development, Mahwah, NJ, Lawrence Erbaum Associates, 19-38

Dunning, J. P., & Hajcak, G. (2007): Error-related negativities elicited by monetary loss and cues that predict loss, in: Neuroreport, 18 (17), 1875-1878

Egner, T. (2009): Prefrontal cortex and cognitive control: motivating functional hierarchies, in: Nature neuroscience, 12 (7), 821

Fleming, S. M., Weil, R. S., Nagy, Z., Dolan, R. J., & Rees, G. (2010): Relating introspective accuracy to individual differences in brain structure, in: Science, 329 (5998), 1541-1543

Frydman, C. D. (2012): Essays in neurofinance (Doctoral dissertation, California Institute of Technology), Pasadena

Gilbert, S. L., Dobyns, W. B., & Lahn, B. T. (2005): Genetic links between brain development and brain evolution, in: Nature Reviews Genetics, 6 (7), 581

Goodall, N. J. (2016): Away from Trolley Problems and Toward Risk Management, in: Applied Artificial Intelligence, Vol. 30, No. 8, 810-821

Kahneman, D. (2011): Schnelles Denken, langsames Denken, München

Kaufmann, I. M., & Voegtlin, C. (2011): Neuroökonomie: Grundverständnis und Ausblick, in: Forum Wirtschaftsethik, 19 (2), 7-15

Koechlin, E., & Hyafil, A. (2007): Anterior prefrontal function and the limits of human decision-making, in: Science, 318 (5850), 594-598

Lammers, C. H. (2011): Emotionsbezogene Psychotherapie, Stuttgart

Laux, H., & Schabel, M. M. (2008): Subjektive Investitionsbewertung, Marktbewertung und Risikoteilung: Grenzpreise aus Sicht börsennotierter Unternehmen und individueller Investoren im Vergleich, Wiesbaden

Levy, I., Snell, J., Nelson, A. J., Rustichini, A., & Glimcher, P. W. (2010): Neural representation of subjective value under risk and ambiguity, in: Journal of neurophysiology, 103 (2), 1036-1047

Matschke, H. (2004): Konzeptionen der Unternehmensbewertung, in: Lück, W. (Hrsg.), Lexikon der Betriebswirtschaft, 6. Auflage, München, 648-650

Miendlarzewska, E. A., Kometer, M., & Preuschoff, K. (2019): Neurofinance, in: Organizational Research Methods, 22 (1), 196-222

Northoff, G., Heinzel, A., De Greck, M., Bermpohl, F., Dobrowolny, H., & Panksepp, J. (2006): Self-referential processing in our brain — a meta-analysis of imaging studies on the self, in: Neuroimage, 31 (1), 440-457

Patton, K. T., & Thibodeau, G. A. (2014): Mosby's Handbook of Anatomy & Physiology-E-Book, Elsevier Health Sciences, St. Louis

Preuss, T. M., Cáceres, M., Oldham, M. C., & Geschwind, D. H. (2004): Human brain evolution: insights from microarrays, in: Nature Reviews Genetics, 5 (11), 850

Priddat, B. P., & Kabalak, A. (2008): Wozu Neuroökonomie?, in: Wirtschaftsdienst, 88 (2), 138-144

Pritzel, M., Brand, M. & Markowitsch, J. (2003): Gehirn und Verhalten: Ein Grundkurs der physiologischen Psychologie, Heidelberg

Taubert, M., Draganski, B., Anwander, A., Müller, K., Horstmann, A., Villringer, A., & Ragert, P. (2010): Dynamic properties of human brain structure: learning-related changes in cortical areas and associated fiber connections, in: Journal of Neuroscience, 30 (35), 11670-11677

Tom, S. M., Fox, C. R., Trepel, C., & Poldrack, R. A. (2007): The neural basis of loss aversion in decision-making under risk, in: Science, 315 (5811), 515 - 518

Tseng, K. C. (2006): Behavioral finance, bounded rationality, neuro-finance, and traditional finance, in: Investment Management and Financial Innovations, 3 (4), 7-18

Tversky, A., & Kahneman, D. (1992): Advances in prospect theory: Cumulative representation of uncertainty, in: Journal of Risk and uncertainty, 5 (4), 297-323

Vaitl, D. (2006): Blick ins Gehirn: Wie Emotionen entstehen. Gießener Universitätsblätter, Gießen, 17-24

I.2 Warum Ungewissheit nicht gleich Risiko ist und Menschen gerne alles berechenbar haben wollen

Fallstudie: Karls Anlegerverhalten

Karl war am 20. Februar 2020 beim Betrachten seines Portfolios sehr zufrieden, seine verfolgte Strategie hatte sich einmal mehr als richtig erwiesen und das satte Plus von 34 Prozent stärkte seine Selbsteinschätzung. Die Informationen seiner Trader-Community erwiesen sich als treffend, es war aus seiner Sicht wichtig, den Austausch mit Gleichgesinnten zu suchen und die Informationen für eine ausgewogene und substantiierte Entscheidung zu nutzen. Seine Markteinschätzung und seine Prognosen zu den Einzeltiteln sah er bestätigt und die einzelnen negativen Stimmen im Forum waren nun einmal Einzelmeinungen. Da war es umso wichtiger, der Einschätzung der Mehrheit zu vertrauen, denn die Mehrheit konnte ja nicht falsch liegen.

Mittlerweile hatte es sich sogar in seinem Bekanntenkreis herumgesprochen, dass Karl zu einem echten Anlageprofi geworden war und seine Meinung war gefragt.

Gerne gab er sein Wissen auf Partys im Freundeskreis weiter, zumal ein Großteil seines Bekanntenkreises in der badischen Provinz wenig Ahnung von Finanzen hatte. Man hatte ein Konto bei der örtlichen Sparkasse oder Genossenschaftsbank, hegte ein gewisses Misstrauen gegenüber Finanzanlageberatern und fühlte sich nicht wohl dabei, Finanzgeschäfte zu tätigen, die man nicht verstand. Umso authentischer war es da, Karls Ausführungen und lebhaften Geschichten zu einzelnen Aktien und den Märkten zuzuhören, seine neuesten Informationen aufzugreifen und den ein oder anderen Euro zu investieren. Okay, sein Freund Paul hatte seine Euphorie zu Aktien noch nie geteilt und seine Ausführungen immer eher spöttisch kommentiert. Paul kam aber auch aus einem erzkatholischen Elternhaus, hatte mit Geldanlage nichts am Hut und vertraute auch in einem Nullzinsumfeld seinem Tagesgeldkonto. Das war Paul. Karl aber wusste, was er tat und der Erfolg gab ihm recht.

Karl hatte zwar keine Finanzausbildung, er arbeitete als Gruppenleiter in einem regionalen metallverarbeiteten Betrieb, aber er hatte sich seit seiner Lehre hochgearbeitet. Mit der Börse oder zumindest mit dem Bereich, der ihn interessierte, kannte er sich aus. In den vergangenen drei Jahren hatte auch alles wunderbar geklappt, in einzelnen Phasen waren seine Anlagewerte um mehr als 50 Prozent gestiegen und bevor er meinte, zu gierig zu werden, hatte er Gewinne realisiert und sich über das Extrageld gefreut. Gut, zwei seiner Aktien befanden sich mit über 60 Prozent im Minus, aber auch hier würde der Markt drehen und diese Einzelwerte wurden durch seine Gewinneraktien mehr als ausgeglichen. Nicht täglich ins Depot schauen, hatte Karl gelernt, denn Schwankungen sind nicht gut fürs Gemüt.

Seit einigen Tagen war zwar in den Nachrichten von einem Corona-Virus zu hören und der DAX zeigte einen deutlichen Rücksetzer. Jetzt nicht Bange machen lassen, dachte Karl. Zittrige hat es schon immer gegeben. Am 19. März 2020 checkte Karl sein Depot und bekam einen Schreck...

I.2.1 Die Struktur der Unsicherheit

Entscheidungen im echten Leben finden nicht unter Sicherheit statt, umgangssprachlich wird von Entscheidungen unter Risiko gesprochen, ökonomisch korrekt müsste es aber »Entscheidungen unter Unsicherheit‹« heißen. Die Beschäftigung mit der Unsicherheit im Wirtschaftsgeschehen ist nicht neu. Bereits Frank Knight (Knight, 1921), John von Neumann und Oskar Morgenstern (von Neumann & Morgenstern, 1944), Herbert A. Simon (Simon, 1959) oder Daniel Kahneman und Amos Tversky (Kahneman & Tversky, 1974) untersuchten das Entscheidungsverhalten bei Unsicherheit, um nur einige prominente Vertreter zu nennen.

Die grundlegende Klassifizierung von Unsicherheit geht auf Frank Knight (1921) zurück, er unterteilte Unsicherheit in die Unterkategorien ›Risiko‹ und ›Ungewissheit‹ (► Abb. I.10).

Entscheidungssituationen bei Risiko sind vergleichsweise einfach zu handhaben. Eine Entscheidungsanweisung existiert und es handelt sich um ein reines Optimierungs- bzw. Maximierungsproblem, für das von Neumann und Morgenstern in den

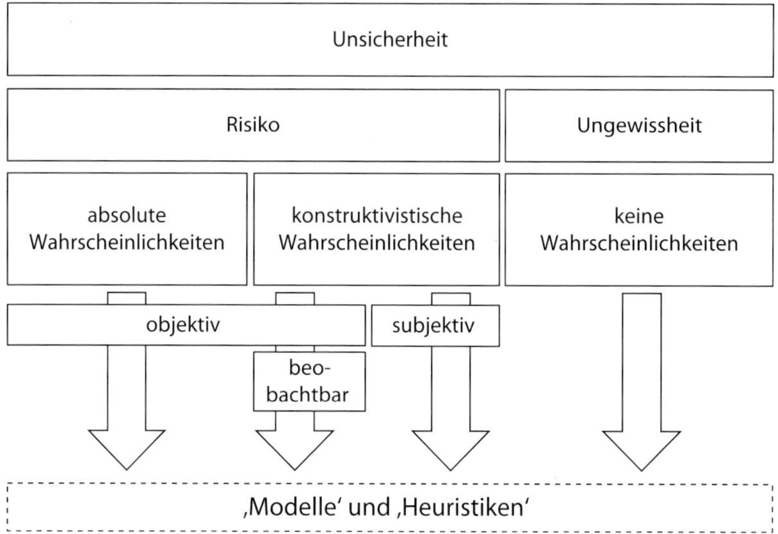

Abb. I.10: Unsicherheit verstehen (Quelle: Eigene Darstellung in Anlehnung an Knight, 1921)

1940er Jahren mit der Erwartungsnutzentheorie einen Lösungsalgorithmus entwickelten (von Neumann & Morgenstern, 1944). Ein rationaler Entscheider (der Homo oeconomicus) wählt diejenige Alternative, die den höchsten Erwartungsnutzen E[U(x)] aufweist. Zur Bestimmung des Erwartungsnutzens werden einfach die möglichen Nutzenwerte der Handlungsoptionen $U(x_i)$ mit ihren Wahrscheinlichkeiten (p_i) multipliziert und aufaddiert.

Diese Methode ist sowohl bei objektiven als auch bei subjektiven Wahrscheinlichkeiten anwendbar und ein eindeutiges Ergebnis existiert. Es liegt ein Optimierungsproblem vor, das mittels mathematischer Modelle gelöst werden kann.

In den 1950er Jahren entwickelte Herbert A. Simon (1957) den Ansatz der »bounded rationality« (eingeschränkte Rationalität), da Menschen dem Modell der Erwartungsnutzentheorie nicht unbedingt folgen bzw. folgen können. Menschen unterliegen Beschränkungen internaler und externaler Art, »physiological and psychological limitations of the organism« (Simon, 1955, S. 101), damit ist ein rein rationales Entscheiden aufgrund der biologischen Gegebenheiten nicht möglich. Zudem betrachten Menschen Entscheidungssituationen nicht im Ganzen (z. B. Gesamtvermögen), sondern zerlegen sie in Teilschritte (Sequenzialisierung), indem z. B. Einzelwerte betrachtet werden. Handlungsalternativen werden zudem eher auf der Basis von Vereinfachungen bewertet (heuristische Problemlösung) und Menschen beurteilen Handlungsoptionen zumeist dichotom auf Basis von zwei Kriterien (z. B. gut oder schlecht, mehr oder weniger). Auch verfolgen Menschen eine Optimierungsstrategie, die darauf ausgerichtet ist, ein bestimmtes Zufriedenheitsniveau zu erreichen (Kunde: »Mit 10 % Rendite bin ich zufrieden!«).

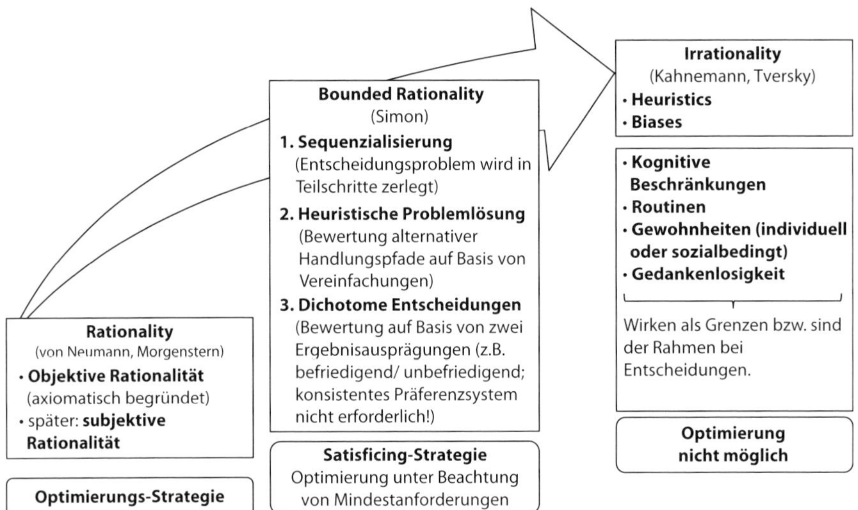

Abb. I.11: Von der Rationalität zur Irrationalität

Bei Ungewissheit hingegen ist eine Optimierung im mathematischen Sinne nicht möglich. Weder für die Umweltzustände noch für die Ergebnisse der Handlungen sind Wahrscheinlichkeiten bestimmbar. Eine Maximierung des Erwartungsnutzens ist damit analytisch nicht möglich. De facto behelfen wir uns in solchen Situationen mit Heuristiken, also Daumenregeln, die nicht zwingend mathematisch quantifizierbar sein müssen. Häufig verwenden wir auch ›Quasi-Wahrscheinlichkeiten‹, indem beispielsweise alle Umweltzustände als gleich wahrscheinlich betrachtet werden (Laplace) oder über einen Optimismusparameter (Hurwicz) eine Kalkulierbarkeit ermöglicht wird (vgl. zu den unterschiedlichen Verfahren im Umgang mit Ungewissheit etwa Obermaier & Saliger, 2013, S. 108 ff.).

Tversky und Kahneman (1974, S. 1124 ff.) untersuchten in den 1970er Jahren das tatsächliche Entscheidungsverhalten von Menschen und bestätigten, dass Entscheidungen nicht stringent nach dem normativen Modell des Homo oeconomicus getroffen werden. Menschen wenden Heuristiken an, was zu suboptimalen Entscheidungen führen kann. So treffen Präferenzsysteme, die in der normativen Lehre eindeutig und stabil sind, im echten Leben auf wirtschaftliche Einschränkungen. Zudem können sich Präferenzen situationsabhängig ändern (z. B. Risikoverhalten in Gewinn- und Verlustsituationen) und Menschen unterliegen Versuchungen, die das Präferenzsystem durcheinanderbringen können. Auch ist die Eigennutzmaximierung nicht in allen Entscheidungssituationen gegeben und weicht bisweilen altruistischem Handeln. Menschen als Entscheider unterliegen zudem diversen Beschränkungen (z. B. Zeit, Kosten, Kapazitäten, Kognition/ Wissen), folgen Gewohnheiten (individueller oder sozialbedingter Natur) und sind manchmal schlichtweg gedankenlos, was ein rationales Handeln unmöglich macht. Schließlich entscheiden Menschen eingebettet in Systeme und Umwelten, die komplex, mit einem Mangel an Transparenz und mit Unsicherheiten versehen sind.

I.2.1.1 Risiko als Ausprägung von Unsicherheit

Die Unterscheidung zwischen Unsicherheit und Risiko ist nur scheinbar eine akademische. Bei Entscheidungen, deren Ausgang bzw. deren Wirkung nicht sicher ist, suchen wir einen Lösungsansatz und greifen auf Wahrscheinlichkeiten zurück, die beobachtet oder empfunden sein können. Auf Basis beobachteter Ergebnisse (z. B. Renditen von Wertpapieren und ihre Verteilung aus der Vergangenheit) oder unter Zuhilfenahme von Simulationsrechnungen (z. B. Monte-Carlo-Simulation im Rahmen von Risikomanagementmodellen) kann ein Modell konstruiert werden, das bei Berücksichtigung der Zielfunktion (Kunde: »Maximiere den erwarteten Ertrag!«) zu einer eindeutigen Lösung führt. Wenn jetzt aber in der Vergangenheit ein bestimmtes Ereignis noch nicht vorgekommen ist und damit im Wahrscheinlichkeitserfahrungsraum noch nicht stattgefunden hat (ein sogenannter schwarzer Schwan) oder die Ereignisse derart selten waren, dass sie ausgeschlossen wurden (schon wieder ein schwarzer Schwan), dann werden die Grenzen des Entscheidungsmodells deutlich. Ähnlich verhält es sich, wenn Simulationen von symmetrischen Verteilungen ausgehen, also beispielsweise Wahrscheinlichkeiten aus dem Glücksspiel übernommen werden, die real auftretenden Ereignisse aber einer schiefen Verteilung folgen. Die Steuerbarkeit von Kapitalmarktrisiken wird dann gewaltig durcheinandergewirbelt, aus verhaltensökonomischer Sicht lockt uns das Risikomodell in eine Situation der Kontrollillusion.

Ein einheitlicher und damit anerkannter Risikobegriff ist in der Wissenschaft nicht existent. Einigkeit besteht nur dahingehend, dass es sich bei einem Risiko um eine Situation bei Unsicherheit handelt, bei der den verschiedenen Umweltzuständen und Ergebnissen des Handelns objektive oder subjektive Eintrittswahrscheinlichkeiten zugeordnet werden können (Obermaier & Saliger, 2013, S. 66). Ob Risiken hingegen objektiv gegeben oder als konstruiert anzusehen sind, ist ebenso strittig, wie das jeweilige Bezugssystem der Risikowahrnehmung (Einzelindividuum oder soziale Institution) oder seine Erscheinung und sein Wesen (z. B. ist die Risikowahrnehmung sowohl von Phänomenen als auch von tiefer gehenden Aspekten wie Vertrauen, Moral und Macht determiniert). Risiko ist eben doch ein Konstrukt. (Bayerische Rückversicherung, 1993, S. 10 f.)

Für die Darstellung des Erwartungsnutzens, der sich aus den Wahrscheinlichkeiten und möglichen Handlungsalternativen ergibt, wird die Erwartungsnutzenfunktion (▶ Abb. I.12) verwendet. Diese weist einen konkaven Verlauf auf, d. h., rationale Investoren verfügen über stabile Präferenzen und verhalten sich stets risikoavers. Eine Verdoppelung des erwarteten Vermögens E(V) von 5,0 Mio. Euro auf 10,0 Mio. Euro führt dazu, dass sich der damit verbundene Nutzenwert U[E(V)] vom Wert 10 auf den Wert 15 nicht verdoppelt. Je höher der erwartete Vermögenswert ist, desto kleiner wird auch der damit einhergehende Nutzenanstieg sein (abnehmender Grenznutzen). Umgekehrt bedeutet dies aber auch, dass ein immer gleichbleibender Nutzenanstieg durch einen immer größer werdenden Vermögenszuwachs kompensiert werden muss. Investoren erwarten bei steigendem Vermögen eine immer höhere Nutzenkompensation, dies bringt die Risikoaversion zum Ausdruck. Da das

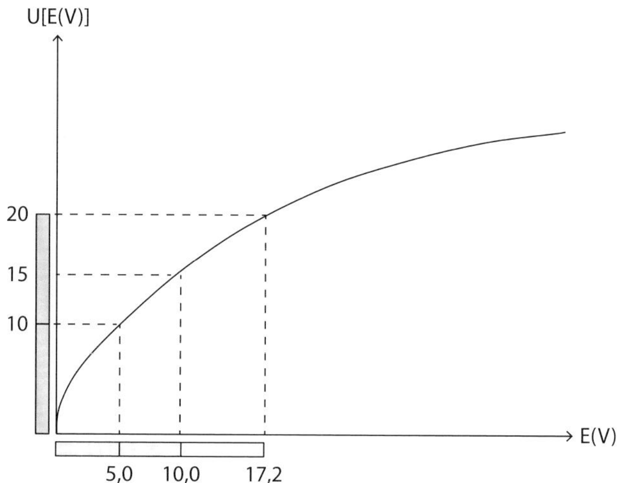

Abb. I.12: Erwartungsnutzenfunktion

Vermögen im schlechtesten Fall den Wert null erreicht (z. B. ist das Aktienportfolio dann nichts mehr wert), ist auch der Erwartungsnutzen im Worst-Case auf den Wert null begrenzt, schlechter kann es nicht werden.

I.2.1.2 Ungewissheit als Ausprägung von Unsicherheit

Schwieriger wird es für die Marktakteure, wenn objektive und/ oder subjektive Wahrscheinlichkeiten nicht vorliegen, eine Situation bei Ungewissheit gegeben und damit eine Erwartungsnutzenbildung nicht möglich ist. Dieses Buch entsteht zu einem Zeitpunkt, zu dem die ersten Auswirkungen des Corona-Virus an den Kapitalmärkten zu spüren sind und niemand eine valide und substantiierte Einschätzung über den weiteren Verlauf der Pandemie oder möglicher Kursszenarien an den Finanz- und Kapitalmärkten vornehmen kann. Wahrscheinlichkeiten über mögliche Umweltzustände (z. B. Konjunkturentwicklungen, Nachfrageverhalten, Ansteckungsraten, Kursentwicklungen, etc.) sind nicht vorhanden, zumal auch in der Rückschau keine Erfahrungen mit solchen Sachverhalten existieren. Damit liegt eine Situation bei Ungewissheit vor, derartige Situationen werden in der Verhaltensökonomie unter dem Themenkomplex ›Ambiguitätsaversion‹ behandelt und beschreiben die Angst vor dem Unbekannten (Daxhammer & Facsar, 2018, S. 222).

Erklärbar ist die Ambiguitätsaversion als Ausprägung der Verlustaversion über die Gewichtungsfunktion der Prospect Theory. Sie tritt besonders häufig bei Privatanlegern auf, die den Eindruck haben, nicht genügend Informationen für eine Entscheidung zu haben. Für Marktakteure wird die empfundene Ambiguität umso größer, je weniger sie über einen Sachverhalt zu wissen glauben, je mehr Informationen für eine Beurteilung fehlen und/oder je uneindeutiger die zur Verfügung stehenden Informationen sind (Daxhammer & Facsar, M., 2017, S. 222). Einmal mehr zeigt sich eine Lücke zwischen subjektivem Empfinden (subjektive Wahrscheinlichkeit) und objektiver Realität (objektive Wahrscheinlichkeit). Die Ambiguitätsaversion hängt auch stark mit dem Kontrollbedürfnis und dem Streben von Menschen zusammen, kognitive Dissonanz vermeiden zu wollen.

In der Konsequenz wird das (scheinbar) Bekannte dem Unbekannten vorgezogen und (scheinbar) risikolose Anlageformen werden gewählt. Da für die unbekannten Anlageformen die wahrgenommenen Risiken zu hoch eingeschätzt werden, steigen aus Sicht der Privatanleger auch die Renditeanforderungen an eben diese unbekannten Anlagen. Die Renditeerwartung unterschiedlicher Anlageformen wird verzerrt.

Die Ambiguitätsaversion begünstigt den Home Bias, wonach bekannte Anlageformen und vertraute Märkte bei Anlageentscheidungen bevorzugt werden und die Gefahr besteht, dass die Diversifikation leidet, da unbekannte Anlagen nicht beigemischt werden. Dennoch entsteht bei den Anlegern ein erhöhtes (positives) Gefühl von Kontrolle bzw. Steuerbarkeit, wobei es sich dabei nur um eine Kontrollillusion handelt.

Das Bekannte bzw. Vertraute bei Anlageentscheidungen zu berücksichtigen, birgt auch die Gefahr der Selbstüberschätzung, da die Risiken der bisher vertrauten Anlagen im Vergleich zu unbekannten und als riskanter eingestuften Anlageformen, tendenziell unterschätzt werden. Durch den Mangel an Beimischung unbekannter Anlageformen erhöht sich meist das Portfoliorisiko.

Sofern die Ambiguitätsaversion kognitiv geprägt ist, kann mit Aufklärung und sachlichen Informationen mäßigend darauf eingewirkt werden, hier zeigt sich etwa der deutliche Mehrwert einer qualifizierten Beratung. Sofern die Ambiguität hingegen emotional gestützt ist, stellt sich der Sachverhalt weitaus schwieriger dar, hier ist die Anpassung an die Verzerrung des Anlegers, unter Berücksichtigung seiner Risikotragfähigkeit, eine geeignete Beratungsstrategie.

I.2.2 Kernelemente der Prospect Theory

Alles, was in der normativen Theorie über Axiome und Annahmen wegdefiniert wird, bildet in der deskriptiven Theorie den Gegenstand der Untersuchung. So geht die Behavioral Finance davon aus, dass Entscheider systematisch Fehler bei der Risikobewertung begehen und diese Fehler nicht einfach durch die Marktmechanismen verschwinden. Nach der klassischen Finanzmarkttheorie würden systematische Fehler im Normalfall durch Arbitrage des Marktes beseitigt werden (Daxhammer & Fascar, 2018, S. 40), wären also allenfalls ein kurzfristiges Störfeuer.

Einen theoretischen Rahmen erhielt die deskriptive Herangehensweise der Verhaltensökonomie durch die Prospect Theory (Kahneman & Tversky, 1979), die das Entscheidungsverhalten bei Unsicherheit/ Risiko modelliert. Im Rahmen dieses Ansatzes wird kein Nutzenwert (wie dies bei der normativen Entscheidungstheorie postuliert wird) sondern eine Wertfunktion erstellt, die sowohl positive als auch negative Werte (Gewinne und Verluste) abbildet und in Bezug zu einem Referenzwert

(Anker) setzt. Eine wesentliche Erkenntnis der Prospect Theory liegt darin, dass Bewertungen unter Berücksichtigung eines Referenzwerts, z. B. der Kaufkurs einer Aktie, vorgenommen werden. Entsprechend empfindet ein Entscheider im Vergleich zum Anker entweder Freude (bei Gewinnen) oder Schmerz (bei Verlusten). Dabei wird der Schmerz bei Verlusten doppelt so stark empfunden, wie die Freude bei Gewinnen. Im Verlustbereich verläuft die Wertfunktion anfangs doppelt so steil wie im Gewinnbereich.

In Abbildung I.13 ist die Wertfunktion am konkreten Beispiel für die Aktie der Deutschen Bank AG dargestellt. Hat ein Kapitalanleger die Aktie ursprünglich zu einem Kurs von 8,79 Euro erworben, wird dies für ihn bei weiteren Kursentwicklungen der Referenzwert (Anker) sein, anhand dessen er den Erfolg oder Misserfolg seines Investments bewertet. Auch Buchgewinne lösen Freude aus, Buchverluste hingegen Schmerz.

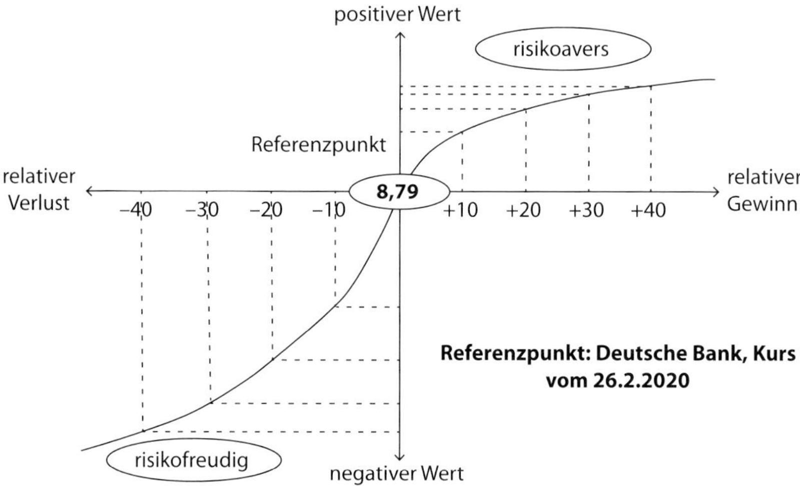

Abb. I.13: Wertfunktion der Prospect Theory (Quelle: Eigene Darstellung in Anlehnung an Kahneman & Tversky, 1979, S. 279)

Mit der Prospect Theory ist zudem begründbar, dass Investoren an den Kapitalmärkten dazu neigen, sich in Gewinnsituationen anders zu verhalten als in Verlustsituationen: Beim Übergang von Gewinnen zu Verlusten (oder umgekehrt) erfolgt eine Umkehr der Risikoeinstellung von Investoren. Im Gewinnbereich verhalten sich Investoren tendenziell risikoavers, im Verlustbereich hingegen steigt die Risikofreude mit zunehmenden Verlusten (Kunde: »Bei einem Kursrückgang von 90 % ist es jetzt auch egal.«).

Zu berücksichtigen ist jedoch, dass die in Laborexperimenten oder in der Empirie beobachteten Effekte keine Allgemeingültigkeit besitzen, wie dies in den normativen Ansätzen der klassischen Theorie zugrunde gelegt wird. Denn Menschen tendieren bisweilen dazu, höhere Risiken einzugehen, wenn bereits ein Mindestrenditeziel erreicht ist (Cushion-Effect). Bei Garantieprodukten in der Altersvorsorge etwa kann dies dazu führen, dass der Aktienanteil erhöht wird, wenn eine Mindestansparsumme erreicht ist. Oder der Aktienanteil wird gerade so weit erhöht, dass das Mindestsparziel nicht gefährdet wird (Knoller, 2016, S. 166 ff.).

Zudem konnte festgestellt werden, dass die jeweilige Präsentation eines Sachverhalts einen Einfluss auf die Risikoeinstellung hat (Framing-Effect). Für Versicherungen mit Sparanteilen wird die Verrentungsoption eher gewählt, wenn die Konsummöglichkeiten im Alter (Consumption Frame) in den Fokus des Beratungsgesprächs rücken. Die Kapitalabfindung hingegen wird eher gewählt, wenn eine Rentenversicherung als Kapitalanlage präsentiert wird (Investment Frame), deren Ergebnis von der Lebenserwartung abhängt (Brown & Kling & Mullainathan & Wrobel, 2008, S. 307 f.). Interessant in diesem Zusammenhang ist ferner, dass Menschen in Bezug auf das eigene Langlebigkeitsrisiko nicht besonders treffsicher sind, denn die Erfahrung mit der Lebenserwartung der Eltern und Großeltern wirkt für die Abschätzung der eigenen Lebenserwartung als Anker. Je Generation (30-Jahres-Zyklus) steigt die Lebenserwartung um ca. 7,5 Jahre, damit wird der Bedarf an Altersvorsorge tendenziell unterschätzt, da die eigene Lebenserwartung unterschätzt wird!

Auch hat die Darstellung von Gewinnen und Verlusten in absoluten oder relativen Beträgen eine Auswirkung auf das Risikoverhalten von Kapitalanlegern (Darstellungseffekt): Die Bereitschaft, Kapitalanlagerisiken einzugehen, ist größer, wenn der Auszahlungsbetrag in Euro angegeben wird, hingegen sinkt die Risikobereitschaft beim Ausweis von Effektivrenditen (Glenzer & Gründl & Wilde, 2014, S. 15).

Die Umkehrung der Risikopräferenz führt zudem dazu, dass Investments, die sich im Gewinnbereich befinden, zu früh und Investments im Verlustbereich zu spät abgestoßen werden, wobei weniger erfahrene Investoren bei diesem als Dispositionseffekt bezeichneten Phänomen anfälliger sind (Odean, 1998, S. 1795).

In der klassischen Kapitalmarkttheorie findet eine Umkehr der Risikoeinstellung einfach nicht statt, denn Anleger haben stabile Präferenzen, vollkommene Voraussicht und verhalten sich als rationale Entscheider risikoavers. Diese Risikoaversion kommt dadurch zum Ausdruck, dass bei höherem Risiko eine immer höhere Rendite (Vermögenszuwachs) als Kompensation gefordert wird.

In der Realität ist festzustellen, dass Menschen nicht immer gut im Abschätzen von Risiken sind, denn die von ihnen verwendeten Wahrscheinlichkeiten im Kontext der Alternativen- bzw. Risikobewertung erfüllen nicht immer das Kriterium der Objektivität, wie es in der klassischen, nutzenmaximierenden Theorie unterstellt wird.

Kahneman und Tversky (1979, S. 280 ff.) beschrieben diese Diskrepanz zwischen objektiver und subjektiver Wahrscheinlichkeit in einer Gewichtungsfunktion (► Abb. I.14). Menschen tendieren dazu, geringe objektive Wahrscheinlichkeiten eher zu überschätzen und objektiv höhere Wahrscheinlichkeiten für das Eintreten eines Ereignisses eher zu unterschätzen.

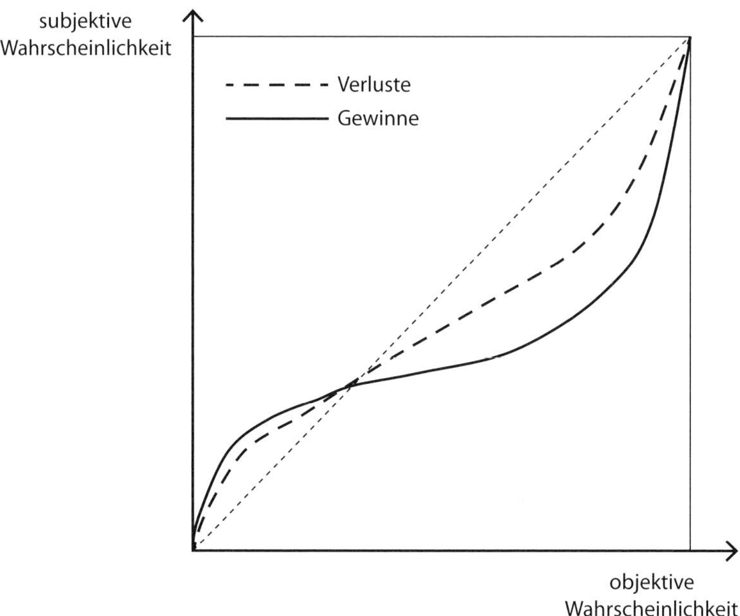

Abb. I.14: Objektive und subjektive Wahrscheinlichkeiten (Quelle: Eigene Abbildung in Anlehnung an Kahneman & Tversky, 1979, S. 283)

Die objektiv geringe Wahrscheinlichkeit eines Lottogewinns ist ein gängiges und gutes Beispiel dafür, dass Millionen von Menschen wöchentlich ihr Glück auf einen Hauptgewinn eher überschätzen, wenngleich die echte Wahrscheinlichkeit eines Gewinns sehr klein ist (die Wahrscheinlichkeit im Lotto 6 aus 49 sechs Richtige zu erzielen beträgt 1 : 13.983.816). Zudem werden bei subjektiven Wahrscheinlichkeiten Gewinne und Verluste unterschiedlich eingeschätzt.

Auch im Alltag ergeben sich immer wieder Fehler bei der subjektiven Risikoabschätzung. So starben nach den Anschlägen des 11. September 2001 in den USA mehr Menschen bei Verkehrsunfällen als im normalen Durchschnitt der Vorjahre. »Both miles driven and traffic fatalities increased substantially in the aftermath of 9/11 compared with the last 3 months in the previous 5 years, and did so in many more states than expected by chance. Moreover, these variables did not increase in the pre-September months in 2001, which lends support to the conclusion that the increases after 9/11 were related to the attacks.« (Gaissmaier & Gigerenzer, 2012, S. 452) Viele Menschen bewerteten unter dem Eindruck der mit Flugzeugen durchgeführten Anschläge auf das World-Trade-Center in New York das Risiko, bei einem Flugzeugabsturz ums Leben zu kommen jedoch höher, als es objektiv ist und wählten das Auto als Transportmittel. Die Unfallgefahr ist beim Autofahren aber höher als beim Fliegen.

I.2.3 Kulturelle Prägung und psychologische Risikobewertung

Während der Homo oeconomicus bei der Wahrnehmung von Informationen und damit auch beim Erkennen von Risiken keine Probleme hat, denn er besitzt vollkommene Informationen und hat auch unbegrenzte Informationsaufnahmekapazitäten, scheitert der ›reale‹ Mensch bisweilen bei der Risikowahrnehmung, -bewertung und -entscheidung. Nicht nur Kognition und Motivation wirken auf die subjektive Risikowahrnehmung ein, sondern auch die Bedingungen des sozialen, politischen und kulturellen Umfelds (Slovic & Jungermann, 1993, S. 91; Donald, 2000, S. 19 ff.).

So agieren Institutionen (z. B. Unternehmen) und damit auch die Menschen dieser Institutionen in nationalen Kulturen und bilden ihrerseits eigene Kulturen aus. »The world ist full of confrontations between people, groups, and nations who think, feel and act differently.« (Hofstede, Hofstede & Minkov, 2010, S. 4)

Nationale Unterschiede bezüglich der Erwartungen und Fairness konnten beispielsweise im Rahmen der Durchführung des Ultimatumspiels (Vertrauensspiels) festgestellt werden (► Kap. I.3.2.2). In einem trinationalen Laborexperiment innerhalb der jeweiligen Kulturen aber auch zwischen Deutschen, Israelis und Palästinensern zeigten sich deutliche Unterschiede bei den gebotenen und erwarteten Geldbeträgen. Diese kulturell geprägten Erwartungen können zu Enttäuschung und Zufriedenheit führen. Während Deutsche Angebote von 50 Prozent des zu verteilenden Geldbetrags als fair empfinden, erwarten Palästinenser 66 Prozent und Israelis 36 Prozent (Hennig-Schmidt et al., 2007). Wenngleich es sich bei der hier zitierten Studie um ein Laborexperiment handelt, sei auf die mögliche Implikation für die Beratungstätigkeit verwiesen. Zunehmende Globalisierung und Migration führen dazu, dass auch und gerade der Kundenkreis von Finanzberatern heterogener wird. Damit ist auch hier ein Perspektivenwechsel für eine nachhaltig erfolgreiche Beratung erforderlich.

Diese kulturellen Besonderheiten beeinflussen Entscheider sowohl bei der Interpretation der Umweltinformationen als auch beim kompletten Entscheidungsprozess (Lehmberg & Davison, 2018, S. 62). Zudem kommt den politischen Entscheidern und der Regulierung eine besondere Rolle bei der Ausprägung der Risikokultur einer Nation zu: Sofern etwa Politik und Regulierung ihr Handeln eher risikoavers ausrichten, da Rückkopplungen zwischen beiden Entscheidungsebenen eine Rolle spielen und Worst-Case-Szenarien ein starkes Gewicht haben, wirkt dies auch auf die Risikokultur eines Landes oder ganzen Kontinents ein. So kann festgestellt werden, dass sich die europäische Risikovermeidungskultur (die ›Angst vor dem Scheitern‹) negativ auf digitale Innovationen und den Umgang mit der Digitalisierung ausgewirkt hat (Thierer, 2016, S. 76). Eine starke Vorsorge- bzw. Fürsorgeorientierung kann derart hemmende Wirkung entfalten, dass technologischer Fortschritt und die wirtschaftliche Entwicklung darunter ebenso leiden wie der gesellschaftliche Umgang mit Unsicherheit und der langfristige Wohlstand (Adler, 2011).

In der aktuellen Corona-Krise liegt die Vermutung nahe, dass sich gerade in Deutschland die sehr risikoaverse Grundhaltung der Bevölkerung positiv auf die Einhaltung der durch die Politik erlassenen Regeln auswirkt. Die ›Angst vor dem

Unbekannten‹ (Ambiguitätsaversion), verankert in einer kulturellen Prägung, könnte eine Ursache für die Regelbefolgung seitens der Bevölkerung sein.

Die zunehmende Bedeutung der Risikokultur für die Finanzdienstleistungsbranche findet sich auch in den Regeln der MaRisk-Novelle vom Oktober 2018. Dort wird u. a. die Einrichtung einer angemessenen Risikokultur bei Banken gefordert, wenngleich der Begriff der Risikokultur unbestimmt ist und eine gültige Legaldefinition nicht existiert.

»Die **Risikokultur** beschreibt allgemein die Art und Weise, wie Mitarbeiter des Instituts im Rahmen ihrer Tätigkeit mit Risiken umgehen (sollen).« (BaFin, 2017, S. 10)

Die MaRisk-Novelle zeigt aber die Richtung an, in die sich die Aufsicht immer mehr entwickelt: Die Unternehmensleitung ist aufgefordert, Risiken und die bewusste Auseinandersetzung mit ihnen im Tagesgeschäft zu verankern und eine angemessene Risikokultur im Unternehmen zu entwickeln und zu fördern. Verhaltensorientierte Erkenntnisse (eher qualitative Aspekte) müssen damit künftig noch stärker im Risikomanagement berücksichtigt werden und die aktuell noch eher quantitativen Aspekte der Risikoprüfung von Banken (z. B. Kernkapitalquoten, Limite) ergänzen.

Somit ist die kulturelle Komponente verstärkt im Kontext des Risikoverständnisses des modernen Menschen zu beachten. Wäre der Homo oeconomicus hingegen das allgemeingültige Menschenmodell, würde sich eine derartige Frage nicht stellen, dann hätten ja auch alle Entscheider ein einheitliches Risikokulturverständnis.

Die soziologische Sichtweise von Kultur gewinnt zunehmend an Bedeutung (Hofstede, Hofstede & Minkov 2010, S. 55 ff.). Es ist zu erkennen, dass unterschiedliche Länder unterschiedliche Ausprägungen hinsichtlich der Kulturdimensionen aufweisen, Unsicherheit und ihrer Vermeidung kommt dabei ein bedeutender Stellenwert zu. (Die Auswertungen zu einzelnen Ländern können im Internet unter https://www.hofstede-insights.com/product/compare-countries/ abgerufen werden.) Hofstede unterscheidet sechs Kulturdimensionen, anhand derer Länder spezifiziert werden (Hofstede, 2020):

- Power Distance (Machtdistanz)
- Individualism (Individualität)
- Maskulinity (Maskulinität)
- Uncertainty Aviodance (Unsicherheitsvermeidung)
- Long Term Orientation (Langfristorientierung)
- Indulgence (Genuss)

Beispielhaft werden im Folgenden die unterschiedlichen Kulturausprägungen für die Länder Deutschland, USA, China und Frankreich näher betrachtet (► Abb. I.15). Ein hoher Wert kennzeichnet dabei eine starke Bedeutung der jeweiligen Ausprägung.

In Bezug auf die ›Unsicherheitsvermeidung‹ (Uncertainty Avoidance) kann festgestellt werden, dass diesem Aspekt in Frankreich mit einem Wert von 86 ein sehr hoher Stellenwert beigemessen wird, Deutschland erreicht einen Wert von 65. In den USA (46) und China (30) ist die Unsicherheitsvermeidung schwächer ausgeprägt (► Abb. I.15).

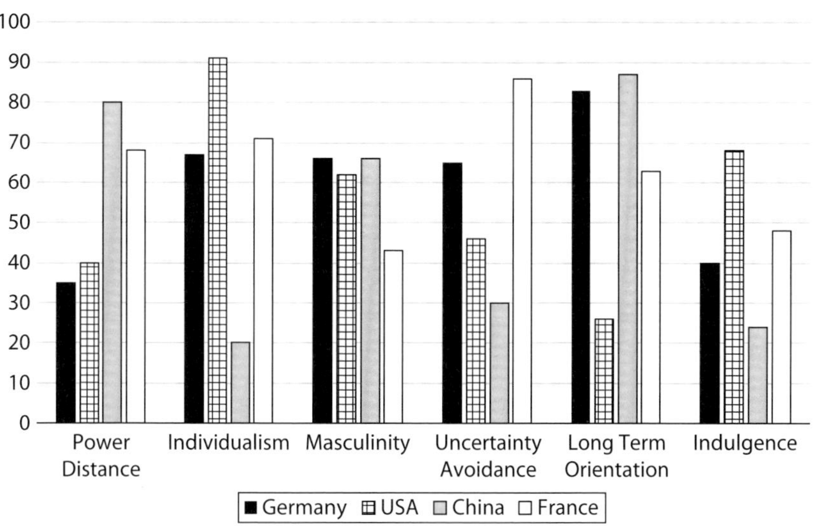

Abb. I.15: Kulturdimensionen nach Hofstede (Quelle: Hofstede, G., 2020)

Zudem ist zu erkennen, dass die Dimension ›Langfristorientierung‹, welche im Zusammenhang mit der Betrachtung des Aspekts ›Unsicherheit‹ nicht zu vernachlässigen ist, weitere Unterschiede offenbart. Chinesen sind eher langfristig orientiert (die Langfristorientierung erreicht einen Wert von 87). Eine deutliche Kurzfristorientierung ist bei US-Amerikanern festzustellen, der Aspekt Langfristorientierung erreicht lediglich einen Wert von 26. Wenngleich Deutsche der Unsicherheitsvermeidung eine hohe Bedeutung beimessen, weisen sie ebenfalls eine starke Ausprägung hinsichtlich der Langfristorientierung auf. Erstaunlich scheint in diesem Zusammenhang jedoch zu sein, dass die Aktienkultur in Deutschland eher gering ausgeprägt ist. Gerade Aktien weisen auf die lange Frist deutlich höhere Renditen auf, die von Deutschen präferierte Anlageform ist aber nach wie vor das Sparbuch und das Sparen auf dem Girokonto (► Abb. I.16).

Aber auch für die individuelle Ebene liegen Erkenntnisse vor, die den Themenkomplex Unsicherheit/ Risiko betreffen. Eine Betrachtung von Lebensumständen und ihre Auswirkungen auf die Risikoeinstellung findet sich beispielsweise bei Armin Falk (2012, S. 63 ff.), der die Risikobereitschaft der Deutschen auf der Basis von Daten des sozioökonomischen Panels untersuchte.

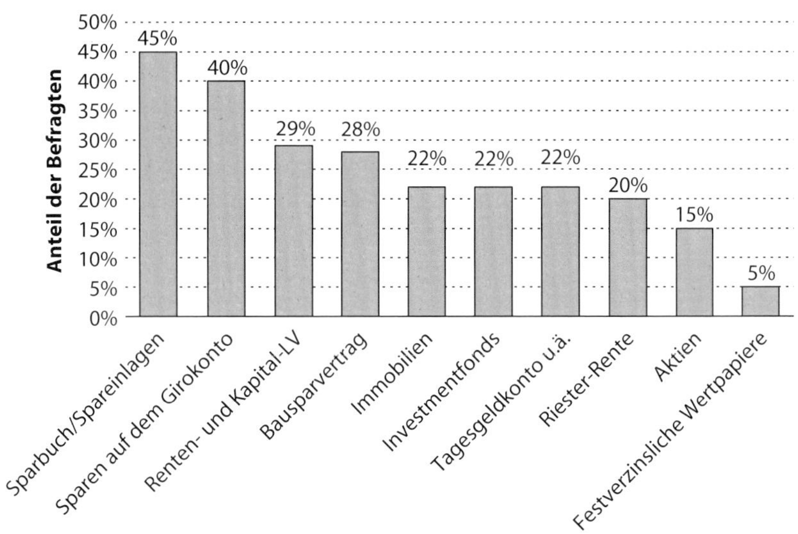

Abb. I.16: Geldanlagen der Deutschen im Jahr 2019 (Quelle: statista, 2019)

- Bezogen auf Geschlecht und Alter konnte festgestellt werden, dass Männer risikofreudiger sind als Frauen und im Alter die **Risikobereitschaft** abnimmt. Die höhere Risikofreude bei Männern ist mittlerweile auch in der Kapitalmarktforschung hinlänglich untersucht und bestätigt: Frauen sind nachweislich sicherheitsorientierter als Männer (JPMorgan, 2019).
- Aus der Berufswahl konnten zudem Rückschlüsse auf die **Risikopräferenz** gezogen werden, denn risikoscheue Arbeitnehmer wählten Berufe mit einer geringeren Verdienstspanne. Auch ein Einfluss familiärer Prägung wurde festgestellt, denn die Risikopräferenzen der Eltern übertragen sich meist auch auf die Kinder und Paare gleichen sich im Laufe der Zeit in Bezug auf die Risikoeinstellung aneinander an. Zudem wurde festgestellt, dass risikobereite Menschen eher umziehen. Gerade beim letzten Aspekt »Umzug« wird deutlich, dass Risiko nicht unbedingt negativ konnotiert sein muss. Vielleicht ist häufiges Umziehen für den Job damit verbunden, dass ein Arbeitsplatzwechsel mit einem höheren Gehalt in Verbindung steht. Für Berater können daraus sogar Chancen entstehen.

Auch Emotionen, die Motivation und das Einbeziehen von Konsequenzen des eigenen Handelns von Individuen wirken auf die Wahrnehmung und die Bewertung von Risiken ein, wie die psychologische Risikoforschung offenbart (Slovic, 2010). Beispielsweise antizipieren Reisende im Zeitpunkt des Treffens ihrer Entscheidung, welche Auswirkung der Wahlakt auf die Umwelt (Ökologie) und damit einhergehend auf ihren künftigen Gefühlszustand haben wird: Es wird diejenige Option gewählt, bei der positive Emotionen voraussichtlich maximiert und negative Emotionen minimiert werden könnten (Böhm & Pfister, 2008, S. 83 ff.).

Menschen beziehen bei der Risikobewertung auch moralische Vorstellungen ein, sie konstruieren ein mentales Risikomodell und richten ihre Entscheidungsfindung auch auf mögliche Folgen bzw. Konsequenzen des Handelns aus. Kognitiv werden nicht nur Wahrscheinlichkeiten oder die Gefährlichkeit von Handlungsalternativen einbezogen, sondern auch das Entstehen spezifischer Emotionen (wie z. B. Furcht/ Hoffnung oder Schuld/ Zufriedenheit) findet Berücksichtigung. Einmal mehr zeigt sich, dass Entscheiden auch konsequenz- bzw. moralbezogen erfolgt (Pfister & Böhm, 2012, S. 70). Bezogen auf die Beratung kann dies bedeuten, dass ein Konflikt entstehen kann, wenn Provisions- und Gewinnmaximierung (Individualebene der Berater oder Institutionenebene der Finanzdienstleister) auf Beschädigung der Finanzmarktstabilität (Kollektivebene) trifft. Damit wird auch deutlich, dass die Maximierung von Individualinteressen eben nicht zwingend zur Maximierung der Kollektivinteressen führt und diese Wechselwirkung in den Entscheidungsprozess einzubeziehen ist.

I.2.4 Determinanten des Risikoverhaltens von Kapitalanlegern

Hinsichtlich der Risikowahrnehmung von Entscheidern bestehen in der ökonomischen Theorie zwei unterschiedliche Modellansätze: Das Buttom-Up- und das Top-Down-Modell (Ganzach et al., 2008, S. 317 f.).

- Beim **Buttom-Up-Modell** handelt es sich um den rationalen Ansatz, wie er von der normativen Theorie vertreten wird und der sich beispielsweise in der klassischen Kapitalmarkttheorie wiederspiegelt (Markowitz, 1959). Das aktuelle Risiko und die aktuelle Rendite des Marktes bestimmen das wahrgenommene Risiko von Investoren. Je geringer das wahrgenommene Risiko und je höher die zugehörige Rendite ist, desto günstiger fällt die allgemeine Einschätzung des Marktes durch die Investoren aus (▸ Abb. I.17).
- Das **Top-Down-Modell** fasst die Sichtweise der Verhaltensökonomie zusammen. Investoren orientieren sich bei ihren Entscheidungen häufig an der allgemeinen Markteinschätzung. Wird die Aussicht der allgemeinen Marktentwicklung als gut wahrgenommen, wird davon ausgegangen, dass dies mit hohen Renditen und niedrigem Risiko einhergeht (▸ Abb. I.17).

Der Top-Down-Ansatz korrespondiert mit dem Verständnis der Psychologie, wonach spezifische, individuelle Wahrnehmungen und Urteile häufig aus einer globalen Bewertung abgeleitet werden (Ganzach et al., 2008, S. 317).

Zusammenfassend kann festgestellt werden, dass es problematisch ist, das Risikoverhalten von Kapitalanlegern auf Basis der normativen Theorie erklären zu wollen. Die Risikowahrnehmung kann weder auf stabilen Präferenzen noch auf rein mathematisch-quantitative Größen (Standardabweichung, Value at Risk, Draw-Down-Risk, etc.) zurückgeführt werden. Risiken sind nicht rein objektiv bestimmbar, wie dies im Fall des Homo oeconomicus erfolgt. Aus verhaltensökonomischer Sicht müssen Risiken im Zusammenhang mit den betreffenden Personen gesehen werden

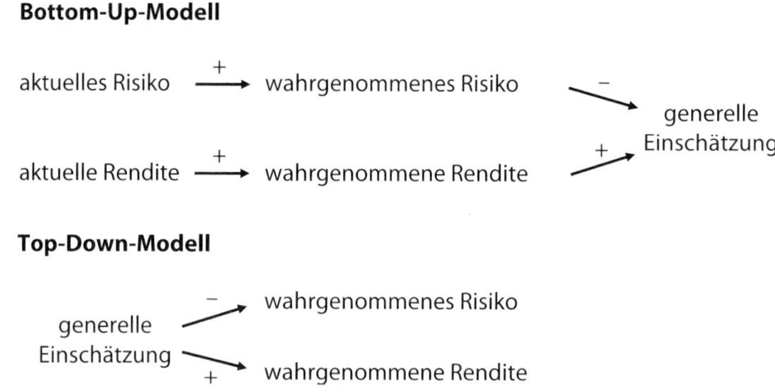

Abb. I.17: Zwei Modelle der Risikowahrnehmung (Quelle: Ganzach et al., 2008, S. 318)

und sind abhängig von individuellen Vorstellungen und Kulturen (Slovic & Weber, 2002, S. 4).

Im Übergang von objektiv messbaren Risiken hin zur subjektiven Risikowahrnehmung wirken kulturelle (z. B. Anlegerkultur), psychologische (z. B. Emotionen) und soziodemographische Einflussfaktoren (z. B. Einkommen) ein (▸ Abb. I.18).

Abb. I.18: Determinanten des Risikoverhaltens von Kapitalanlegern (Quelle: Eigene Darstellung in Anlehnung an Soliva & Hofmann, 2010, S. 11)

Für das Verständnis des Risikos im Beraterkontext ist somit das subjektiv empfundene Risiko der Kunden und nicht das objektiv messbare Risiko, wie es etwa Berater oder Anlageprofis verstehen, bedeutsam.

I.2.5 Risiko und Ungewissheit in Aktion

Die bisher ausgeführten Effekte und irrationalen Handlungsweisen (Biases) sind nicht getrennt voneinander zu betrachten. Vielmehr bestehen zeitliche und inhaltliche Interdependenzen, wobei zeitlich nicht als aufeinander folgend, sondern auch als simultan ablaufend verstanden werden kann. In der folgenden Abbildung I.19 sind die wesentlichen in diesem Kapitel behandelten Biases skizziert, das unterlegte Netz soll die Abhängigkeiten verdeutlichen. Das Zusammenspiel kognitiver Prozesse ist durchaus komplex.

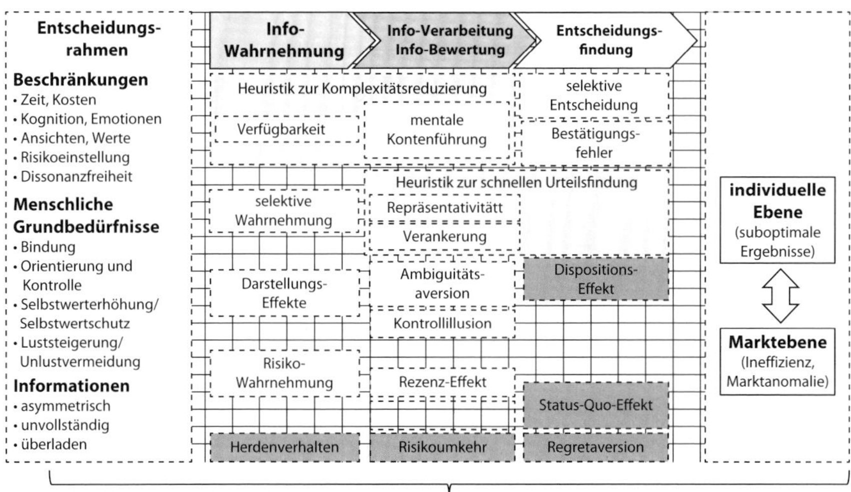

Abb. I.19: Ausgewählte Biases im Kontext von Risiko-/ Ungewissheit

Abschließend soll das Zusammenspiel ausgewählter Biases anhand der zu Beginn des Kapitels dargestellten Fallstudie zu Karls Anlegerverhalten zusammenfassend diskutiert werden:

Karl ist als registrierter Nutzer eines Finanzportals im regen Austausch mit Gleichgesinnten, die sich regelmäßig zu ihren Lieblingsaktien austauschen. Einerseits kann es sein, dass die Expertise der Nutzer einen echten Mehrwert bietet und damit die Informationsasymmetrie aufgelöst wird. Damit würde sich die Informationsbasis für die Entscheidungsfindung verbessern. Andererseits kann es aber auch sein, dass die Nutzer bewusst nach Informationen suchen und mit der Community teilen, die ihre ursprüngliche Entscheidung für eine Aktie unterstützen (Bestätigungsfehler). Selektive Wahrnehmung sowohl bei denen, die Informationen suchen und posten als auch bei denjenigen, die diese Informationen als Follower aufnehmen (Herdenverhalten), könnte eine Folge sein. Manche Menschen neigen dazu, ihren Entscheidungen eher neue (Primacy-Effekt) als ältere Informationen (Recency-Effekt) zugrunde zu legen. Gerade wenn die neuen Informationen mit eingängigen Geschichten einhergehen, lebhaft in der Darstellung oder sehr ansprechend sind, kann die Informationsaufnahme gestört werden (Darstellungseffekt). Es gibt aber auch Menschen, die aufgrund ihrer Ansichten und Wertvorstellungen derart geprägt sind, dass sie neuen Informationen misstrauen und ihr Entscheidungsverhalten auf der Basis lange gefestigter Informationen aufbauen. Menschen neigen dazu, in ihrem Denken und Handeln konsistent sein zu wollen, um kognitive Dissonanz zu vermeiden.

Kognitive Dissonanz bezeichnet einen psychologischen Zustand, »bei dem sich zwei miteinander verbundene Kognitionen (z. B. Werte, Meinungen, Haltungen, Erfahrungen) einer Person in Widerspruch befinden. Die Person empfindet diesen Zustand als aversiv und versucht deshalb, den Widerspruch zu reduzieren. Dies kann zu einer verzerrten Informationswahrnehmung bzw. -verarbeitung und auch zu Einstellungsänderungen führen.« (Holzmann, 2011, S. 1619)

Menschen suchen häufig diejenigen Informationen, die eine bereits getroffene Entscheidung unterstützen. Man will sich ja nicht eingestehen, eine falsche Entscheidung getroffen zu haben. Menschen sind Augentiere und anfällig für graphisch ansprechende Darstellungen (Darstellungseffekt: z. B. Kursanstiege über einen bestimmten Zeitraum), die ihre Risikowahrnehmung beeinflussen. Bei Bullenmärkten besteht die Gefahr, dass man meint, nach ersten Erfolgen ein Muster erkannt und die Erfolgsformel gefunden zu haben. Risiken werden unterschätzt, das eigene Können wird überschätzt (Overconfidence).

Die Community des Finanzportals bietet zudem Halt und Orientierung, um bei eigener Unsicherheit sich der Meinung mehrerer anzuschließen (Herdenverhalten). Kontrolle ist eines der Grundbedürfnisse des Menschen und unklare Situationen bereiten Stress und werden gemieden (Ambiguitätsaversion). Hier bietet die Herde, aber auch Berater mit ihrer Expertise, die gewünschte Sicherheit. Bisweilen ist diese Sicherheit trügerisch, wenn man zu lange neue Informationen, die nicht in das eigene Bewertungssystem (Ansichten, Werte) passen bzw. die es so noch nicht gegeben hat (z. B. Corona-Pandemie), ignoriert und das Empfinden, alles im Griff zu haben, sich dann als Kontrollillusion herausstellt.

Bei Gewinnen und Verlusten kann sich die Risikoeinstellung ändern. Karl hat ja durchaus zugegeben, sich in Gewinnsituationen den sicheren Wertzuwachs sichern zu wollen und zu früh ausgestiegen zu sein. Umgekehrt sind seine zwei Verlustaktien mit einem Minus von 60 Prozent ein Zeichen dafür, dass das risikoaverse Verhalten in Gewinnsituationen sich im Verlustbereich umkehren kann.

Ergebnisse aus Ökonomie, Soziologie und Psychologie sind interpretationsbedürftig und es können nicht immer allgemeingültige und klare Handlungsanweisungen abgeleitet werden, die für alle Inverstoren in allen Lebenslagen Gültigkeit haben. Ungeachtet dessen wird aber deutlich, welche Komplexität bei der Betrachtung und Beurteilung von Unsicherheit/ Risiko zu berücksichtigen ist und dass monokausale

Begründungsmuster in die Irre führen. Risiko ist eben doch ein Konstrukt und die eingehende Beschäftigung damit ist für die Kapitalanlage Fluch und Segen zugleich: Fluch, da Komplexität nicht mit Standards, Checklisten oder Modellen allgemeingültige Regeln und Handlungsanweisungen erhält. Segen, da es Möglichkeiten eröffnet, im kontinuierlichen Dialog aller Beteiligten eine Daseinsberechtigung für gute Finanzberatung zu bieten, eine sich stets verbessernde Beratungsleistung zu ermöglichen und im Kundensinne zu handeln.

I.2.6 Kontrollfragen

1. Worin besteht der Unterschied zwischen Risiko und Unsicherheit?
2. Welche kulturellen Besonderheiten stellen Sie bei sich und Ihren Kunden fest? (Notieren Sie sich diese Besonderheiten, um auf Ihr Gegenüber besser eingehen zu können.)
3. Was ist unter dem Dispositionseffekt zu verstehen und wie kann man sich davor schützen?
4. Welche Merkmale weisen auf Overconfidence hin und wie können Sie sich und andere davor schützen?

Literatur zu Kapitel I.2

Adler, J. H. (2011): The problem with precaution: A principle without principle; in: The American, May 25, online: https://www.aei.org/articles/the-problems-with-precaution-a-principle-without-principle/, abgerufen am 26.6.2020

BaFin (2017): Anlage 1: Erläuterungen zu den MaRisk in der Fassung vom 27.10.2017, online: https://www.bafin.de/SharedDocs/Downloads/DE/Rundschreiben/dl_rs0917_marisk_Endfassung_2017_pdf_ba.pdf?__blob=publicationFile&v=5, abgerufen am 30.6.2020

Bayerische Rückversicherung (1993): Risiko ist ein Konstrukt, München

Beck, H. (2014): Behavioral Economics, Wiesbaden

Böhm, G.; Pfister, H.-R. (2008): Anticipated and experienced emotions in environmental risk perception, in: Judgment and Decision Making, Vol. 3, No. 1, 73-86

Brown, J. B., Kling, J. R., Mullainathan, S., & Wrobel, M. V. (2008): Why don't people insure late-life consumption? A framing explanation of the under-annuitization puzzle, in: American Economic Review, 98 (2), 304-309

Dohmen, T.; Falk, A.; Huffman, D.; Sunde, U. (2006): The Intergenerational Transmission of Risk and Trust Attitudes, IZA Discussion Paper No. 2380, online: http://ftp.iza.org/dp2380.pdf, abgerufen am 1.7.2020

Dohmen, T., Falk, A., Huffman, D., Sunde, U., Schupp, J. & Wagner, G. G. (2011): Individual Risk Attitudes: Measurement, Determinants and Behavioral Consequences, in: Journal of the European Economic Association, 3 (9), 522-550

Falk, A. (2012): Wie risikobereit sind die Deutschen?, in: Gehirn und Geist, Spezial 1/2012, 58-64

Ferretti, R.; Pancotto, F. & Rubaletti, E. (2017): Persuasion in financial advertising: Behavioral or rational?; in: Journal of Behavioral and Experimental Economics, No. 71, 26-30

Gaissmaier, W. & Gigerenzer, G. (2012): 9/11, Act II: A Fine-Grained Analysis of Regional Variations in Traffic Fatalities in the Aftermath of the Terrorist Attacks, in: Psychological Science, 23 (12), 1449-1454

Ganzach, Y., Ellis, S., Pazy, A. & Ricci-Siag, T. (2008): On the perception and operationalization of risk perception, in: Judgment and Decision Making, Vol. 3, No. 4, 317-324

Glenzer, F., Gründl, H., & Wilde, C. (2014). ›And lead us not into temptation‹: Presentation formats and the choice of risky alternatives. ICIR Working Paper Series No. 16/14, online: https://www.econstor.eu/bitstream/10419/98163/1/788266152.pdf, abgerufen am 15.7.2020

Hennig-Schmidt, H., Selten, R., Walkowitz, G., Winter, E. & Dakkak, I. (2007): Actions and Beliefs in a Trilateral Trust Game Involving Germans, Israelis and Palestinians; online: http://static.luiss.it/esa2007/programme/papaers/221.pdf, abgerufen am 19.7.2020

Hofstede, G., Hofstede, G. J. & Minkov, M. (2010): Cultures and Organizations - Software of the Mind: Intercultural Cooperation and Its Importance for Survival, 3. Auflage, New York

Hofstede, G. (2020): Compare Countries, online: https://www.hofstede-insights.com/product/compare-countries, abgerufen am 16.7.2020

Holzmann, R. (2011): Kognitive Dissonanz, in: wisu – das wirtschaftsstudium, Nr. 12, S. 1619

JPMorgan (2019): Der »kleine Unterschied« bei der Geldanlage, online https://am.jpmorgan.com/at/de/asset-management/per/about-us/press/1-oktober-2019/#, abgerufen am 15.7.2020

Kahneman, D. & Tversky, A. (1979): Prospect Theory: An Analysis of Decision under Risk; in: Econometrica, Vol. 47, Nr. 2, March, 263-291

Knight, F. (1921): Risk, uncertainty and profit, Boston

Knoller, C. (2016): Multiple reference points and the demand for principal-protected life annuities: An experimental analysis, in: Journal of Risk and Insurance, 83 (1), 217-255

Markowitz, H. M. (1959): Portfolio-Selection: Efficient Diversification of Investments, New Jersey

Obermaier, R. & Saliger, E. (2013): Betriebswirtschaftliche Entscheidungstheorie. Einführung in die Logik individueller und kollektiver Entscheidungen, 6. Aufl., München

Odean, T. (1998): Are Investors Reluctant to Realize Their Losses?; in: Journal of Finance, Vol. 53, 1775-1798

Pfister, H.-R. & Böhm, G. (2012): Emotionen und Moral bei der Risikowahrnehmung; in: Gehirn und Geist, Spezial, Heft 1, 70-78

Simon, H. A. (1955): A Behavioral Model of Rational Choice, in: The Quarterly Journal of Economics, Vol. 69, No. 1, 99-118

Simon, H. A. (1957): Models of Man, New York

Slovic, P. (2010): The Feeling of Risk. New Perspectives on Risk Perception, London

Slovic, P. & Weber, E. U. (2002): Perception of Risk Posed by Extreme Events, Working Paper, Beitrag zur Konferenz »Risk Management Strategies in an Uncertain World«, New York

Soliva, M. & Hofmann, R. (2010): Risikowahrnehmung privater Anleger aus Berateroptik, Reihe »Financial Consulting«, Band 2, Zürich

Statista (2019): Welche Möglichkeiten der Geldanlage nutzen Sie aktuell?, online: https://de.statista.com/statistik/daten/studie/13314/umfrage/aktuell-genutzte-geldanlagen-der-deutschen/, abgerufen am 21.7.2020

Thierer, A. (2016): Failing better: What we learn by confronting risk and uncertainty; in: Abdukadirov, S. (Hrsg.): Nudge theory in action, Palgrave, 65-94

Tversky, A. & Kahneman, D. (1974): Judgment under Uncertainty: Heuristics and Biases; in: Science, Vol. 185, Nr. 4157, Sept 1974, 1124-1131

I.3 Warum Rationalität so einfach zu verstehen und doch so schwer umzusetzen ist

Zurückgehend auf die Zeit der Industrialisierung und einer tayloristischen Arbeitsorganisation, welche u. a. von überwiegend national geprägten Märkten, unternehmerischer Regulierung und von hochgradiger Arbeitsteilung gekennzeichnet war, lassen sich die Vorstellungen einer rationalen – im Sinne von berechenbaren – Entscheidungsfindung durch den Unternehmer durchaus nachvollziehen. Der Unternehmer wägt seine Entscheidungen nutzenmaximierend ab. So entwickelte Adam Smith bereits im Jahre 1776 in seinem Standardwerk ›Wohlstand der Nationen‹ einige der hier skizzierten Grundannahmen, wie das Eigeninteresse oder auch die vollkommene Information (Smith, 1776).

Die beschriebenen ökonomischen Idealbedingungen verschwinden jedoch mehr und mehr – es ist erkennbar, dass die Wirtschaft einem zunehmenden Wandel unterliegt. Märkte öffnen sich, es herrscht plötzlich Zielpluralität und ein Rückgriff auf die Erkenntnisse der neoklassischen Entscheidungstheorie und ihrer Rationalität ist nicht mehr möglich – oder doch?

Auch in der Finanzbranche werden deren Akteure mit zahlreichen Entscheidungen konfrontiert, mit dem Ziel Nutzen zu maximieren oder bessere Entscheidungen zu treffen. Exemplarisch kann hier die

- Kreditvergabe an ein Individuum herangezogen werden. Bereits an dieser Stelle zeigt sich, dass der Markt eben nicht vollkommen im Sinne der Modellannahmen ist. So liegen unterschiedliche Zinssätze bspw. auf Grund der Bonität des Schuldners vor. Mit der Konsequenz, dass dieses unterschiedliche Zinsniveau Arbitrage zulässt. Lösungsmöglichkeiten, um die Rationalität herzustellen, liegen u. a. in der Anwendung von Screening oder Signaling, um die Asymmetrie der Information zu beheben. Auch der Einsatz von Kreditvergabeplattformen können den Grad der Zielerreichung des Kreditnehmers nachhaltig positiv beeinflussen, tragen sie doch dazu bei, die Zielerreichung / Nutzen nachhaltig zu erhöhen.
- Das Händlerverhalten auf den Devisenmärkten betrachtet werden. Gerade die Fülle an Informationen ist als problematisch anzusehen. Um diesem Problem des Informationsüberflusses gerecht zu werden, erfolgt der Fokus auf die Preisentwicklung der letzten 24 Stunden. Auch das nachvollziehbare menschliche Verhalten Dinge zu vereinfachen widerspricht den Annahmen des Homo oeconomicus. Dennoch zeigt es sich, dass ein Vernachlässigen der Komplexität volkwirtschaftlicher Zusammenhänge bei kurzfristiger Betrachtung durchaus Sinn ergibt. Klare Entscheidungsstrukturen helfen, wie hier bereits ansatzweise gezeigt, Fehlentscheidungen zu reduzieren. (Heidorn & Siragusano, 2004).

Diese Frage nach rationalem Handeln bezieht sich nicht nur auf die Ökonomie – sie ist auch in anderen Lebensbereichen zu finden, wie das folgende Beispiel zeigt:

Am 15.01.2009 gelang Kapitän Chesley B. (»Sully«) Sullenberger eine Notlandung eines Passagierjets mit beidseitigem Triebwerkschaden auf dem Hudson River vor New York (► Abb. I.20).

Diese Notwasserung ohne Verlust an Menschenleben stellt ein außergewöhnliches Ereignis in der Luftfahrgeschichte dar und gelang nur aufgrund des überlegten und kontrollierten Handelns des Flugkapitäns (Focus, 2009, online). Handelte – im Sinne von rationalem Entscheiden – Sullenberger nun in der Tat gemäß den

Abb. I.20: Der Airbus A320 treibt auf dem Hudson River (Quelle: Multichillo, https://commons.wikimedia.org/wiki/File:US_Airways_Flight_1549_(N106US)_after_crashing_into_the_Hudson_River_(crop_1).jpg, abgerufen am 28.10.20, CC BY-SA 4.0-Lizenz)

Annahmen der klassischen Wirtschaftstheorie zum Homo oeconomicus, oder war sein Handeln unterbewusst geleitet? Beziehen sich die Annahmen zur Rationalität gar nicht auf das menschliche Individuum, sondern lediglich auf ein Erklärungskonzept?

Anhand des Modelles des rational und nutzenmaximierend handelnden Homo oeconomicus – Grundlage vieler gängiger wirtschaftlicher Ansätze (Franz, 2004, S. 4 f.) – sollen die Potentiale und Grenzen eines solch abstrahierenden Denkens aufgezeigt werden. Es sollen hier die Grundprinzipien des Homo oeconomicus-Ansatzes skizziert werden, dabei liegt der Fokus auf der Rationalität der Entscheidungsfindung.

I.3.1 Annahmen zum Referenzmodell des Homo oeconomicus

Das neoklassische Referenzmodell des Homo oeconomicus basiert auf diversen Verhaltensannahmen. Dabei sind diese Annahmen nach Beck so realistisch, wie »... der legendäre Mr. Spock aus der Fernsehserie ›Raumschiff Enterprise‹« (Beck, 2014, S. 1).

Originär sind diese sicherlich auf Adam Smith zurückzuführen und dessen idealisierte Volkswirtschaft, u. a. verbunden mit der ›unsichtbaren Hand‹ zur Maximierung des Gemeinwohls (Smith, 1776). Zu den Annahmen zählen das Eigennutzaxiom, die Nutzenmaximierung sowie die Rationalität des Handelns. Dabei verhält sich der Mensch rational und wählt bezugnehmend auf die individuelle Zielfunktion die subjektiv beste (nutzenmaximierende) Alternative unter einem Bündel an Alternativen aus. Weniger strenge Auslegungen des Referenzmodells gehen davon aus, dass auch bedingt befriedigende Alternativen in Betracht kommen. Darüber hinaus kann noch die Annahme über das Vorhandensein vollständiger Informationen angeführt werden (Tietzel, 1981, S. 120). Konkret bedeuten die Annahmen:

- **Eigeninteresse:** Handeln im Eigeninteresse bedeutet, dass ein Individuum stets nur seine eigenen persönlichen Interessen und Präferenzen bei der Entscheidungsfindung berücksichtigt (Kirchgässner, 1991, S. 16). Dies geht damit einher, dass weitreichendere Motivationen wie Mitgefühl, Familiensinn, die dazu führen, dass auch die Interessen anderer Wirtschaftssubjekte das eigene Handeln leiten, ausgeklammert werden.
- **Rationalität:** Als rational wird ein Handeln nach dem ökonomischen Prinzip verstanden. Dies bedeutet, dass entweder mit gegebenen Ressourcen ein maximaler Output oder ein bestimmter Output mit möglichst sparsamen Ressourceneinsatz angestrebt wird. Dabei handelt der Homo oeconomicus vernünftig und bezogen auf ein bestimmtes Ziel hin substantiell rational (Suchanek, 1994, S. 85). Folglich werden immaterielle Aspekte wie Image oder Gewohnheit ausgeblendet.
- **Nutz-/(Gewinn-)maximierung:** Rationales Handeln im Eigeninteresse ist zugleich nutzenmaximierend und kann durch die Nutzentheorie auf der Basis des Bernoulli-Prinzips erklärt werden. Dabei bewertet der Entscheider Alternativen aufgrund des Erwartungswertes des Nutzens, der sich für ihn persönlich ergibt. Er legt dabei seine Präferenzordnung zu Grunde und gelangt so zu einer Ordnung der Nutzenwerte. Dies bewertet er dann mit ihren Eintrittswahrscheinlichkeiten. Die subjektive Risikoeinstellung des Entscheidenden wird durch den Verlauf der Nutzenfunktion ausgedrückt (Schmidt & Terberger, 1997, S. 289).
- **Vollständige Informationen:** Dabei ist der Homo oeconomicus über die Handlungsalternativen informiert. Transaktions- oder Lernkosten fallen im Rahmen der Entscheidungsfindung nicht an, ebenso wenig wie mögliche Restriktionen der Informationsbeschaffung der Wirtschaftssubjekte (Laux, 1998, S. 137 ff.). Alle Teilnehmer im Modellmarkt sind annahmegemäß einheitlich und vollständig über alle am Markt verfügbaren Informationen im Bilde und auch im Stande, die Informationen richtig zu bewerten und einzuordnen.

Demnach ist der Homo oeconomicus das Sinnbild bzw. der Idealtyp eines wirtschaftlich denkenden Menschen, der rational ausschließlich zu seinem eigenen Nutzen handelt und dabei über vollkommene Information verfügt. Er reagiert nur auf materielle Anreize und maximiert seinen Nutzen als oberstes Ziel unter der Annahme vollständiger Informationen.

I.3.2 Limitationen, Anomalien und Entwicklungspfade

Es hat sich allerdings gezeigt, dass die Welt mehr oder weniger großen Veränderungen unterliegt und diese Veränderungen eben nicht mit Sicherheit vorherzusagen sind. Darüber hinaus wird menschliches Handeln von Erwartungen bestimmt, die von den unterschiedlichsten Faktoren determiniert sind. Hierzu zählt auch die Psychologie des einzelnen Individuums.

Dennoch basieren die unterschiedlichsten Entscheidungen in Politik oder Wirtschaft auf der Grundlage eines rationalen Menschenbildes. Wohlwissend, dass die Entscheidung eines Rauchers und dessen Griff zur Zigarette weniger einer bewussten Entscheidung zur gesundheitlichen Schädigung, als vielmehr dem Bereich von Gewohnheit, Sucht oder impulsivem Verhalten zuzuordnen ist. Dies lässt bereits vermuten, dass der Mensch eben kein rein frontalhirngesteuertes Vernunftwesen ist, dem alle Informationen vorliegen und diese bewertet.

I.3.2.1 Beispiel 1: Schweinezyklus

Bereits 1928 setzte sich Arthur Hanau (1928) mit einer konjunkturstatistischen Analyse des deutschen Schweinemarktes auseinander. Beobachtungen zeigten, dass die Schweineproduktion einem fortwährenden Auf und Ab unterworfen war. Eine Konstanz basierend dem zugrundliegenden Referenzmodell war nicht gegeben.

Die linearen Nachfrage- und Angebotsfunktionen mussten um eine Störvariable ergänzt werden, die der unvorhersehbaren Störung der Realität Rechnung tragen. Damit trägt das Modell u. a. erratischen Störungen Rechnung, so in der Reduktion der Nachfrage auf Grund auftretender Krankheiten bei der Schweinepopulation oder einem Überangebot durch den Landwirt. Überschätzt nun der Landwirt den perspektivischen Preis, so stellt sich u. a. das sog. Spinnwebenmodell ein, das den Anpassungsprozess im Zeitverlauf charakterisiert (▸ Abb. I.21).

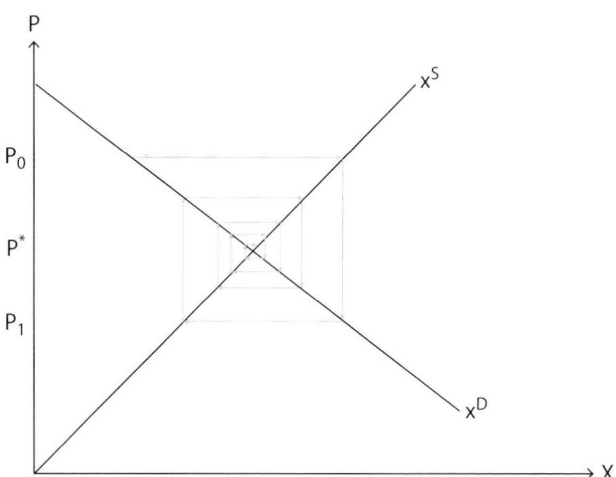

Abb. I.21: Spinnwebenmodell

In der volkswirtschaftlichen Theorie wurden die rationalen Erwartungen um einen sehr menschlichen Faktor korrigiert, den Effekt des Lernens. Das Lernen aus Fehlern in der Periode t lässt uns zu adaptiven Erwartungen gelangen. Eben jenen Erwartungen, die um das λ-Fache des vorherigen Schätzers korrigiert wurden.

Stehen nun die erforderlichen Prognosen und Informationen zur Anpassung des Schätzers nicht kostenfrei zur Verfügung, so liegt auch die Rationalität im definierten Sinne nicht vor.

I.3.2.2 Beispiel 2: Selbstloses Verhalten

Experimente können zwischenzeitlich in nahezu jedem ökonomischen Forschungsgebiet durchgeführt werden. Auf der Basis gewonnener Erkenntnisse – z. B. durch die Behavioral Economics – sollte u. a. das Verhalten von Individuen besser als auf der Grundlage bestehender Standardannahmen erklärt werden können.

So zeigt sich, dass die Bedeutung des selbstlosen Verhaltens oder der Fairness, eine wichtige Erkenntnis der experimentellen Wirtschaftsforschung ist. Demzufolge sind viele Menschen bereit, unfaires oder nicht kooperatives Verhalten zu bestrafen, selbst wenn dies mit Kosten einhergeht. Allerdings lässt sich auch festhalten, dass die individuelle Ausprägung selbstlosen Verhaltens je nach Wichtigkeit stark schwankt.

Ein typisches, soziales Dilemma-Spiel, das den klassischen Experimenten zuzuordnen ist, ist das sog. Ultimatumspiel. Es kennzeichnet eine Verhandlungssituation, in der zwei Spieler einen festen Geldbetrag untereinander aufteilen müssen. In der ersten Stufe des Spiels darf Spieler A einen Aufteilungsvorschlag machen. In der zweiten Stufe muss Spieler B entscheiden, ob er diesen Vorschlag annimmt oder ablehnt. Wenn B annimmt, wird die vorgeschlagene Aufteilung umgesetzt, wenn er ablehnt, gehen beide Spieler leer aus (Beck, 2014, S. 12 f.). Liefert die Spieltheorie noch eine eindeutige Vorhersage hinsichtlich des Ausgangs des Spiels bzw. der Verteilung des Geldbetrages, denn selbst der kleinste Centbetrag ist besser als nichts und führt zur Annahme jedes Angebots, so zeigt das Verhaltensexperiment ein gänzlich anderes Bild. Demnach favorisiert ein Großteil der Spieler A die hälftige Aufteilung des Geldbetrags. Zu niedrige Angebote erfolgen nicht, da die Wahrscheinlichkeit der Ablehnung durch Spieler B steigt und beide Spieler nichts bekommen.

Das Experiment zeigt, dass Menschen ein starkes Bedürfnis nach Fairness haben und sich auch selbst gerne als fairen und ethischen Menschen sehen. Dies kennzeichnet auch die sog. Do-no-harm-Heuristik, die die Aversion von Menschen beschreibt, anderen Menschen Schaden zuzufügen. Zwei Beispiele, die nicht mit der originären Annahme des Eigeninteresses des Referenzmodells in Einklang stehen. Es kann vielmehr festgestellt werden, dass selbstloses Verhalten bzw. Fairness wichtige Verhaltensregularien sind, nicht nur für das Verständnis ökonomischer, sondern auch politischer Zusammenhänge.

I.3.2.3 Entwicklungen – vom rationalen Verhalten, der beschränkten Rationalität und vielem mehr

Der uns bereits bekannte Homo oeconomicus ist logisch und emotionslos. Doch gibt es erkennbar erhebliche Einwände gegen diese Annahme der vollständigen Rationalität:

- Einfluss der Anfangsausstattung – je größer die Anfangsausstattung, desto größer die Aversion gegen mögliche Verluste. (empirischer Einwand)
- Logische Allwissenheit – Rationalität bedeutet Kenntnis über alle Umweltzustände, und Handlungskonsequenzen. (theoretischer Einwand)

Einwände sind sowohl bei dem einzelnen Individuum wie auch bei strategischen Implikationen, die aus der Spieltheorie bekannt sind, zu finden.

Eine Weiterentwicklung des originären Modells erfolgte durch von Neumann und Morgenstern (von Neumann und Morgenstern, 1944). Sie basiert auf dem Bernoulli-Prinzip, einem Entscheidungsprinzip unter Risiko. Von der normativen Theorie erfolgte der Schritt zur deskriptiven der neuen Entscheidungstheorie bzw. der auf Kahnemann und Tversky basierenden Prospekt-Theorie (Kahneman und Tversky, 1979). Wesentlich war die Modifikation empirisch belegter kognitiver Verzerrungen (biases).

Entscheidungsfindung verursacht Kosten, auch wenn diese nur in dem erhöhten Verbrauch von Energie unseres Gehirns zu sehen ist. Man ging – vereinfachend – von unbegrenzten kognitiven Fähigkeiten und einer unbegrenzten Reaktionsgeschwindigkeit aus. Weitere Beschränkungen sind bspw. in Wahrnehmungsfehlern, in der Komplexreduktion oder in Überzeugungen, Gefühlen oder auch im individuellen Rollenverhalten zu sehen, die wiederum die Basis behavioristischer Modelle bilden.

I.3.3 Rationalität und Neuroökonomie

Lenkt die Vernunft unser Handeln oder sind es doch Affekte und Emotionen? Zwischenzeitlich konnte der empirische Nachweis erbracht werden, dass neben der Kognition auch Emotionen eine wichtige Rolle in unseren Entscheidungsprozessen spielen. Das bestehende Referenzmodell, das auf rationalen Entscheidungen basiert, wird von einer rein kognitiven in eine kognitiv/ affektive Dimension transformiert. So können nun Präferenzen erklärt werden, die bisher als unerklärbar galten. Mit dem Schlagwort Neuroökonomie wurde diese gänzliche neue Dimension in das Spiel gebracht: Was passiert in unseren Köpfen, wenn wir eine Entscheidung treffen? Sie bietet eine Alternative zum klassischen Modell des rational handelnden homo oeconomicus.

I.3.3.1 Kognitive Orientierung

Historisch mag man sich nicht wundern, wenn das Forschungsinteresse auf der Rationalität im Sinne Kognition lag – vereinfachte dies doch vieles. Diesen Fokus unterstreicht nicht nur eine auf Vernunft betonte griechische Philosophie, sondern auch die christliche Lehre, in der lange Zeit Gefühle als Zeichen von Sünde bzw. Schwäche interpretiert wurden. In dieser historisch geprägten Vorstellung stören Emotionen das Rationale und den Verstand, sie sind ›irrational‹, stehen dem analytisch denkenden Individuum im Weg.

Dabei beschreibt Kognition Funktionen, wie u. a. das Wahrnehmen und Erkennen, das Speichern und Erinnern oder auch die motorische Steuerung (Sucharowski, 1996, S. 12). Damit stellt sie auf allgemein nachvollziehbare mentale Operationen ab, die sich im Sinne des Referenzmodells, ohne Bezug zur inneren Befindlichkeit fassen lassen.

Ohne die Wahrnehmung und dem resultierenden Erkenntnisgewinn, kann keine Handlung erfolgen, die auf kognitiver Basis beruht. In diesem Sinne werden bei einer kognitiven Beurteilung Eigenschaften einer Leistung erkannt und im Hinblick auf die eigenen Ziele bzw. aufgrund der Erwartungen bewertet. Eine Erweiterung um Emotionen würde gar die Gefahr mit sich bringen, dass rationales Denken nicht nur untergraben wird, sondern man ihnen ausgeliefert ist. Emotionen können nicht ausgesucht werden, eine freie Auswahl dieser (im Sinne von rational) ist nicht möglich. Es besteht die Gefahr der Fehlattribution.

I.3.3.2 Affektive Orientierung

Nach 1960 vollzieht sich eine affektiv/ emotionale Wende in der Forschung. Die Trennung von Emotion und Kognition lässt sich nicht mehr aufrechthalten. Neurobiologische Studien zeigen, dass das sog. Limbische System unseres Gehirns eine zentrale Rolle in der Verarbeitung emotionaler Reize spielt (Roth, 2001).

Ein Affekt ist ein Zustand der Erregung entlang einer emotionalen Skala, die über Hass, Trauer oder Wut bis hin zu Begierde, Freude oder Liebe reicht. Dieser Zustand basiert folglich auf der Dominanz starker Emotionen und beeinflusst das Verhalten von Menschen und deren Fähigkeiten. Ein wesentlicher Unterschied zur kognitiven Orientierung besteht darin, dass sich bei affektivem Verhalten die Steuerung des Handelns durch das Bewusstsein verändern kann. So kann der Anblick einer Schlange als auslösender Reiz vom vollständigen Erstarren bis hin zur Flucht reichen. Unser Verhalten ist demnach genetisch bedingt oder eine erfahrungsgeleitete Reaktion auf die reizauslösende Situation – Angst o. Ä. Das heißt, dass ein planbarer Charakter nicht zu erkennen ist.

Kahneman verwendet hier den Begriff des Systems 1, das automatisch, schnell und ohne willentliche Steuerung arbeitet. Davon abzugrenzen ist das System 2 (kognitiv verortet), das mit Konzentration und Aufmerksamkeit verbunden ist. Dieses langsamere und kontrollierte Denken im System 2 ist folglich mit Anstrengungen verbunden, wozu unser Gehirn Energie benötigt (Kahneman, 2014). Reicht diese Energie nicht mehr aus oder werden Kapazitätsgrenzen erreicht, werden Aufgaben priorisiert bzw. übt das System 1 einen höheren Einfluss aus.

I.3.4 Leistung des Referenzmodells zum Homo oeconomicus

Experimente zeigen, dass Menschen sich anders verhalten, als es dem Referenzmodell des Homo oeconomicus entspricht. Hat das Referenzmodell im Hinblick auf das rationale Entscheiden des eingangs erwähnten Flugkapitäns Chesley B. Sullenberger nun versagt oder nicht? Eisenführ und Weber schreiben hierzu: »Rationalität ist keine Garantie für den Erfolg einer Entscheidung. Sie trägt aber dazu bei, daß Entscheidungen im Durchschnitt erfolgreicher werden.« (Eisenführ & Weber, 1994, S. 5)

Für Sullenberger galt es im Rahmen der Notlandung Informationen zu verarbeiten, Handlungsoptionen abzuwägen und (schnell) zu entscheiden. Hätte Sullenberger alle Zeit der Welt gehabt, so hätte er seine Entscheidung ausschließlich auf Fakten basieren lassen können. Ein Idealzustand, der so nicht vorlag. An dieser Stelle können die oben skizzierten Erkenntnisse von Kahneman herangezogen werden. Das kognitiv geprägte System 2 ist über die Grenzen ausgelastet. Informationen können nicht mehr vollumfänglich verarbeitet werden und die zur Verfügung stehende Zeit ist mit wenigen Minuten für die Notlandung knapp bemessen. Hinzukommen emotionale Reize, wie Angst oder Furcht, die Stressreaktionen auslösen. Das schnelle System 1, das nicht rational arbeitet, übernimmt.

Doch ist die Lösung so einfach? Piloten trainieren Gefahrensituationen und die »richtige« Reaktion – es erfolgt ein Pawlow'sches Konditionieren. In diesem Zusammenhang liefert die Amygdala die richtige (schnelle) Reaktion auf den Reiz. Darüber hinaus gibt es noch die Habituation bei der noch Teile des Stammhirns an der Reizverarbeitung beteiligt sind. Langsam Erlerntes geht in das System 1 über.

Das Beispiel zeigt in Anlehnung an das Zwei-System-Modell von Kahneman, dass sich ein emotionales System von einem kognitiven System unterscheiden lässt, wobei beide Systeme zusammenwirken und sich beeinflussen können. Instrumentalisierte Lernprozesse oder Heuristiken – exemplarisch sei hier die so genannte Rekognitionsheuristik genannt, die auf einfacher Wiedererkennung von Bekanntem basiert – können Individuen dabei unterstützen Entscheidungen zu treffen, die der Rationalität des Referenzmodells des Homo oeconomicus sehr nahekommen.

Die Erfolge des Modells zum Homo oeconomicus sind unbestritten und bestimmt noch nicht abschließend, auch wenn andere – neuere – bspw. verhaltensökonomische Ansätze vorliegen, die ebenfalls ihre Berechtigung haben. Insofern ist das Referenzmodell ein idealtypisches Modell zur Erklärung menschlichen Verhaltens dessen Aufgabe es ist, von der Realität abzusehen und zum Zweck des Verstehens und Erklärens Vereinfachungen vorzunehmen.

I.3.5 Kontrollfragen

1. Nennen Sie drei Annahmen, die dem Referenzmodell des Homo oeconomicus zuzurechnen sind.
2. Kennt der Homo oeconomicus seine Präferenzen und wenn ja, sind diese konstant?

3. Betrachten Sie das Referenzmodell unter dem Aspekt der Fairness.
4. Was ist unter dem Zwei-System-Modell von Kahneman zu verstehen?

Literatur zu Kapitel I.3

Beck, H. (2014): Behavioral Economics – Eine Einführung, Wiesbaden

Eisenführ, F. & Weber, M. (1994): Rationales Entscheiden, 2 Aufl., Berlin

Focus Online (2009): Unglücksmaschine verlor bei Notwasserung beide Triebwerke, verfügbar unter: https://www.focus.de/panorama/vermischtes/new-york-unglueckmaschine-verlor-bei-notwasserung-beide-triebwerke_ aid_362847.html, abgerufen am 05.01.2020

Franz, S. (2004): Grundlagen des ökonomischen Ansatzes: Das Erklärungskonzept des Homo Oeconomicus, Working Paper 2004-02, Potsdam, online: https://www.uni-potsdam.de/fileadmin/projects/prof-fuhrmann-vwl/Publikationen/Discussion_Paper/2004_Grundlagen_des_%C3%B6konomischen_Ansatzes_Das_Erkl%C3%A4rungskonzept_des_Homo_Oeconomicus.pdf, abgerufen am 30.5.2020

Götze, U. (2008): Investitionsrechnung: Modelle und Analysen zur Beurteilung von Investitionsvorhaben, 6. Auflage, Berlin

Hanau, A. (1928): Die Prognose der Schweinepreise. in: Vierteljahreshefte zur Konjunkturforschung, Berlin

Heidorn, Thomas & Siragusano, Tindaro. (2004). Die Anwendbarkeit der Behavioral Finance im Devisenmarkt. Frankfurt School of Finance and Management, Frankfurt School - Working Paper Series

Kahneman, D. (2014): Schnelles Denken, langsames Denken, München

Kahneman, D., & Tversky, A. (1979): Prospect theory: An analysis of decision under risk, Econometrica: Journal of the econometric society, 263-291.

Kirchgässner, G. (1991): Homo oeconomicus. Das ökonomische Modell individuellen Verhaltens und seine Anwendung in den Wirtschafts- und Sozialwissenschaften, Tübingen

Laux, H. & Schabel, M. M. (2008): Subjektive Investitionsbewertung, Marktbewertung und Risikoteilung, Berlin und Heidelberg

Roth, G. (2001): Das Unbewusste aus Sicht der Hirnforschung. in: Cierpka, M. & Buchheim, P. (Hrsg.). Psychodynamische Konzepte, Berlin, S. 43-61

Schmidt, R.H., Terberger, E. (1997): Grundzüge der Investitions- und Finanzierungstheorie, 4. Auflage, Wiesbaden

Smith, A. (1776): Über den Wohlstand der Nationen: Eine Untersuchung über seine Natur und seine Ursachen, (Reprint: Beck Verlag, München 1974)

Suchanek, A. (1994): Ökonomischer Ansatz und theoretische Integration, Tübingen

Sucharowski, W. (1996): Sprache und Kognition. Neuere Perspektiven in der Sprachwisssenschaft, Opladen

Tietzel, M. (1981): Die Rationalitätsannahme in den Wirtschaftswissenschaften, oder: Der homo oeconomicus und seine Verwandten, in: Jahrbuch für Sozialwissenschaft, Band 32, 115-138.

von Neumann, J. & Morgenstern, O. (1944): The Theory of Games and Economic Behavior, Princeton.

II Warum Entscheidungen schnell, langsam, aggressiv oder gar nicht getroffen werden

Irrationale Entscheidungen sind selten monokausal begründbar (in Abbildung II.1 wird diesem Sachverhalt durch das unterlegte Gitternetz Rechnung getragen). Vielmehr weist der Entscheidungsprozess komplexe Strukturen auf, die einen klaren Ursache-Wirkungszusammenhang nicht zulassen und damit nicht immer zu eindeutigen Stellhebeln führen, die eine unmittelbare Verbesserung des Entscheidungsverhaltens bewirken. Menschen sind keine Maschinen, bei denen nicht oder schlecht funktionierende Elemente einfach ausgetauscht werden müssen, um eine Änderung des Gesamtverhaltens zu bewirken.

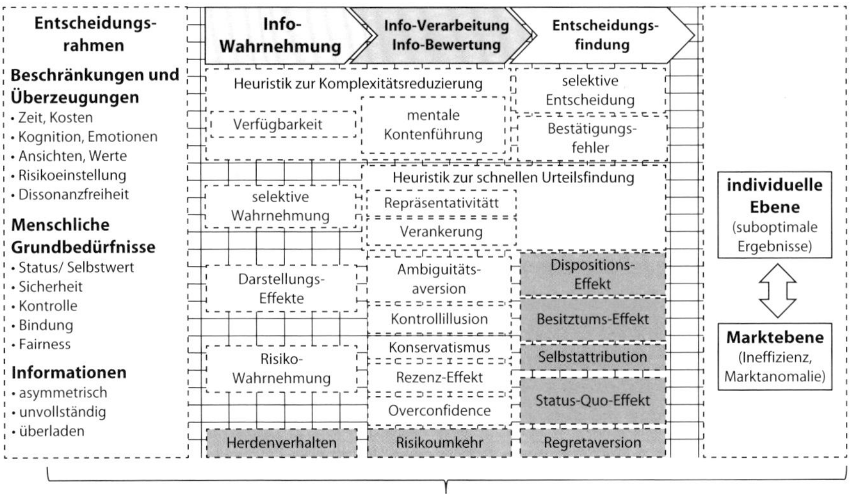

Abb. II.1: Die Inhaltliche Struktur von Hauptkapitel II

Menschen wenden in Entscheidungssituationen nicht konsequent die Regeln der Wahrscheinlichkeitsrechnung an, sondern treffen Wahlakte auch intuitiv und mentale Heuristiken treten an die Stelle von Algorithmen aus der Wahrscheinlichkeitstheorie (Jungermann, Pfister & Fischer, 2010, S. 170). Menschen nehmen in Entscheidungssituationen auch nicht konsequent eine Gesamtbetrachtung vor, sondern sind auch aufgrund der in Hauptkapitel I erläuterten Besonderheiten der Funktionsweise des Gehirns gezwungen, komplexitätsreduzierende Strategien in Form von Heuristiken anzuwenden.

Bei einer **Heuristik** handelt es um »ein einfaches Verfahren, das uns hilft, adäquate, wenn auch oftmals unvollkommene Antworten auf schwierige Fragen zu finden.« (Kahneman, 2011, S. 127) Heuristiken sind vereinfachte Strategien (Daumenregeln), bei denen nur wesentliche Informationen genutzt werden, eine Vielzahl an Informationen wird ignoriert.

Da nur das Wesentliche an Informationen verwendet wird, um überhaupt eine Entscheidung schnell treffen zu können, ist eine Optimierung damit nicht möglich. Es können lediglich Alternativen komparativ bewertet werden.

Heuristiken können einen kognitiven oder einen emotionalen Ursprung haben (Daxhammer & Facsar, 2018, S. 90), entsprechend ist bei Ansätzen zur Verbesserung des Entscheidungsverhaltens zu berücksichtigen, ob Sachargumente oder emphatisches Anpassen an die Entscheidungsprozedur sinnvoll sind.

Heuristiken sind niemals optimal (das Finden eines Optimums setzt voraus, dass Ziel und Nebenbedingungen bekannt und stabil sind), sondern allenfalls robust, sofern sie auf andere, ähnliche Entscheidungsprobleme übertragen werden können. Heuristiken weisen aber auch großes Potenzial auf, dass systematisch Fehler (Biases) begangen werden und ein falsches Entscheidungsverhalten sich festigt. Man kann also nie per se sagen, dass Heuristiken gut oder schlecht sind. Gute Heuristiken haben sich in der Zeit als gute Entscheidungsprozeduren herausgestellt, es handelt sich dann um evolvierte Prozeduren, die zu guten Ergebnissen geführt haben. Zusammengefasst kann gesagt werden, dass Heuristiken einerseits Lösung von komplexen Entscheidungssituationen darstellen, andererseits können sie aber auch Teil des Entscheidungsproblems sein. (Gigerenzer & Engel, 2006, S. 17 f.)

Schlechte Heuristiken und die entsprechenden Biases werden von aufmerksamen und geschulten Menschen ausgenutzt, da ein Entscheidungsmuster erkennbar ist. Heuristiken und Biases zu kennen, ist folglich eine Grundlage dafür, besseres Entscheiden zu ermöglichen.

Die für Hauptkapitel II des Buches ausgewählten Heuristiken und Verzerrungen sollen diese interdependenten Zusammenhänge aufgreifen und verdeutlichen, dass erkannte Wirkmuster helfen können aber nicht generalisierbar sind. Überzeugungen und Glaubenssätze, um diese beiden Aspekte beispielhaft herauszugreifen, ändern sich nicht willkürlich oder passen sich einfach an die vorherrschende oder richtige Sichtweise an. Vielmehr verharren viele Menschen in ihren Grundüberzeugungen (▸ Teil I) und legen damit die Basis für den eigentlichen Entscheidungsprozess, der durch Informationsaufnahme und -bewertung gekennzeichnet ist. »Tell Me What I Want to Hear« lautet der Titel eines Aufsatzes von Tomas Zaleskiewicz und Agata Gasiorowska aus dem Jahr 2018 (Zaleskiewicz & Gasiorowska, 2018, S. 686 ff.), der sich mit dem Confirmation Bias (Bestätigungsfehler) auseinandersetzt. Bisweilen hören oder sehen wir nur, was wir sehen oder hören wollen (▶ Teil II.1).

Literatur zur Einführung

Gigerenzer, G.; Engel, C. (2006): Heuristics and the law, Cambridge

Jungermann, H.; Pfister, H.-R. & Fischer, K. (2010): Die Psychologie der Entscheidung. Eine Einführung, Heidelberg

Zaleskiewicz, T. & Gasiorowska, A. (2018): Tell Me What I Wanted to Hear: Confirmation Effect in Lay Evaluations of Financial Expert Authority, in: Applied Psychology: An International Review, 686-722

II.1 Wir sehen was wir wollen – Eine Anomalie der Wahrnehmung?

Ob der Betrachter in dem nachstehenden Bild einen alten oder jungen Mann auf den ersten Blick wahrnimmt, könnte tiefere psychologische Hintergründe haben (▶ Abb. II.2). Gemäß der Theorie der selektiven Wahrnehmung erkennen wir in einem Bild oder Sachverhalt stets das, was wir aufgrund unserer gedanklichen Vorprägung erwarten (McCormick & Seta, 2012, S. 1100).

Abb. II.2: Alter oder junger Mann? (Quelle: M. Mißfeldt, https://www.onlinesehtests.de/optische-illusionen/illusion-alter-oder-junger-mann.php, abgerufen am 28.10.20)

Nach Stangl (2020 ist **selektive Wahrnehmung** »jenes psychologische Phänomen, dass bei der Wahrnehmung nur bestimmte Aspekte der Umwelt aufgenommen und andere ausgeblendet werden. Selektive Wahrnehmung kann durch Priming, Framing oder vergleichbare Effekte hervorgerufen werden. Selektive Wahrnehmung beruht grundsätzlich auf der Fähigkeit, Muster zu erkennen, einem grundlegenden Mechanismus des menschlichen Gehirns.« (Stangl, 2020)

Dieses Phänomen birgt freilich Gefahren, da wir neue Situationen nicht rational einschätzen. Vielmehr interpretiert unser Gehirn eingehende Sinneseindrücke stets bereits im Hinblick auf unsere Erwartungen, die im Einklang mit unseren bereits vorgefassten Meinungen und Überzeugungen stehen. Da derartige Vorprägungen von Individuum zu Individuum verschieden sind, wird jeder Mensch auf neue Informationen unterschiedlich reagieren und diese jeweils subjektiv interpretieren. Unsere intuitiven Entscheidungen werden stets durch den Rahmen beeinflusst, in den wir eine Information einordnen (Framing) (Kirchler et al., 2005, S. 90).

Aktieninvestoren, die geprägt von der aktuellen Corona-Krise in pessimistischer Stimmung sind, könnten in der Annahme eines Kursverfalls die aktuelle Erholung der Aktienmärkte verpassen oder gar die Risiken einer einseitigen Short-Spekulation vernachlässigen. Sie greifen dabei auf bereits historisch bekannte Erfahrungsmuster (Konditionierung) oder Aussagen mutmaßlicher Experten zurück. Neue wesentliche Informationen werden nicht mehr auf deren Inhalt geprüft und im Extremfall ignoriert (eine Ausprägung des Primacy-Bias). Die Selbstmanipulation basiert dann oftmals auf der Grundlage der bekannten Heuristiken oder Daumenregeln, die auf subjektiver Erfahrung und überlieferter Verhaltensweisen basiert. So zeigt sich aktuell an den Finanzmärkten, dass die einseitige Betrachtung von Kursrückschlägen nicht immer als optimaler Zeitpunkt für ein Aktieninvest zu sehen ist. Gepaart ist diese Selbstmanipulation durch die emotionale Achterbahn der Gefühle eines Investors, bedingt durch menschliche Gefühle, wie z. B. Gier, Selbstvertrauen und Angst.

II.1.1 Psychologie des Phänomens der selektiven Wahrnehmung

II.1.1.1 Selektive Wahrnehmung im Kontext der Behavioral Finance Theorie

Das Prinzip der selektiven Wahrnehmung (Selective Perception) ist ein Begriff, der durch die Verhaltensökonomik (Behavioral Economics) geprägt wurde. Dieses Forschungsfeld umfasst verschiedene Theoriezweige wie beispielsweise die Wirtschafts- und Finanzmarktpsychologie (Earl, 1990, S. 12) und befasst sich mit der Psychologie menschlichen Verhaltens. Sie grenzt sich von Theorien wie der Neoklassik ab, die davon ausgehen, dass Menschen stets rational und damit systematisch gewinnmaximierend entscheiden, denken und handeln (Homo oeconomicus-Prinzip) (Kirchgässner, 2008, S. 1).

Die Verhaltensökonomik erkennt vielmehr, dass Menschen nicht nur ihrem rationalen Verstand, sondern auch ihren Affekten folgen. Marktteilnehmer entscheiden aufgrund vorangegangener Erfahrungen, situativer Eindrücke und auch sozialer, kultureller und weiterer Randbedingungen. Vielfach vereinfachen sie ihre Entscheidungen in pragmatischer Weise, da es ihnen nicht gelingt, systematisch alle Alternativen abzuwägen (Papies et al., 2017).

Aus der Sicht der traditionellen rationalen Ökonomik sind solche Entscheidungen vielfach mit Fehlern behaftet. Anleger neigen dazu, sich selbst zu überschätzen. Sie halten an einmal getroffenen Entscheidungen fest (eine Ausprägung des Status-quo-Bias), ohne zu berücksichtigen, dass diese sich aufgrund fehlender Informationen als falsch erweisen können. Oder sie neigen dazu, im Zweifel sprunghaft von einmal getroffenen Entscheidungen abzuweichen (Drummond & Hodgson, 2011, S. 20 f.). Nicht nur Anleger können diesen kognitiven Verzerrungen – Biases – ausgeliefert sein, auch Manager unterliegen diesen. Sie führen zu hohen Kosten, folglich ist es elementar, systematisch gegen Biases im Entscheidungsprozess vorzugehen.

II.1.1.2 Erklärungen für das Prinzip der selektiven Wahrnehmung

Das Prinzip der selektiven Wahrnehmung trägt gemeinsam mit anderen psychologischen Phänomenen dazu bei, dass eben diese Fehler oder Abweichungen von der Rationalität auftreten. So konnte Bruner (1951) bereits in den 1950er Jahren experimentell nachweisen, dass Informationen, die bewusst oder unbewusst vernachlässigt werden, zu Fehleinschätzungen führen können. Ursächlich für die Fehler ist die begrenzte Leistungsfähigkeit des menschlichen Gehirns. In diesem Zusammenhang sind auch die von Kahneman verwendeten Begrifflichkeiten des Systems 1, das automatisch, schnell und ohne willentliche Steuerung arbeitet und des Systems 2, das im Kontext von Konzentration und Aufmerksamkeit zu sehen. Langsames und kontrolliertes Denken im System 2 dagegen ist mit Anstrengungen und Energiebedarf verbunden (Kahneman, 2014, S. 33). Reicht diese Energie nicht mehr aus oder werden Kapazitätsgrenzen erreicht, so werden Aufgaben priorisiert bzw. es erfolgt eine eingeschränkte Aufnahme an Informationen.

Selektive Wahrnehmung ist demnach vor allem bei komplexen Entscheidungsproblemen, wie beispielsweise der dargestellten Notlandung auf dem Hudson River durch Sullenberger (▶ Kap. I.3), zu beobachten, für die eine Vielzahl von Informationen verarbeitet werden müssen.

Dabei ist die Informationswahrnehmung als Vorstufe der Informationsverarbeitung zu sehen. Auf Grund der begrenzten Verarbeitungskapazitäten ist eine Selektion der relevanten Informationen wesentlich. Erfahrungen und Meinungen helfen bei der subjektiven Selektion, die jedoch Verzerrungen unterliegen kann. In diesem Zusammenhang können sich sowohl Über- als auch Unterreaktionen einstellen.

In hohem Umfang ist die Tendenz, sich in einer bestimmten Weise zu entscheiden, von unserer aktuellen oder vergangenen Wahrnehmung der Umwelt bestimmt. Die Sinnesorgane spiegeln diese jedoch nicht authentisch oder objektiv. Vielmehr fokussieren wir unsere Aufmerksamkeit so, dass wichtige Dinge, die beispielsweise über das Überleben entscheiden, in höherem Umfang und intensiver wahrgenommen werden, als Dinge, die für den Augenblick weniger wichtig sind (Kirchler et al., 2005, S. 92). An dieser Stelle können auch Erkenntnisse von Kahneman zu den Systemen 1 und 2 nochmals herangezogen werden. Wird das System 2 über die Grenzen belastet, so können Informationen oder Reize nicht mehr vollumfänglich verarbeitet werden und unsere Wahrnehmung ist getrübt.

Nach Felser (1997, S. 72) lässt sich der menschliche Wahrnehmungsprozess in drei Komponenten unterteilen:

- einer physikalisch bzw. chemischen Komponente: z. B. dem Konzentrationsgrad von Duftstoffen
- einer physiologischen Komponente: den Tätigkeiten der Nervenzellen
- einer psychologischen Komponente: z. B. Berührungen.

Dabei geht dieser Wahrnehmungsprozess weitgehend unbewusst vonstatten. Täglich erfolgt eine Vielzahl von Wahrnehmungsvorgängen, die nicht alle im Gedächtnis verbleiben. Bereits der Wahrnehmungsprozess ist somit eine teils unbewusste, subjektive Wahl. Sobald diese – mehr oder weniger begründet – gefallen ist, setzen im Gehirn Verarbeitungsprozesse ein. Die Rezeptoren der Sinnesorgane übersetzen die Wahrnehmung in neuronale Aktivität und das Gehirn konstruiert aus diesen elektrischen Signalen ein geistiges Abbild des wahrgenommenen Objekts oder Vorgangs. Dieser Verarbeitungsprozess erfolgt jedoch wiederum nicht rational, sondern wird vielmehr durch zahlreiche Datenströme überlagert (Papies et al., 2017, S. 402).

So klassifiziert das Gehirn die eingehenden Daten stets vor dem Hintergrund vergangener Erfahrung und ordnet diese daraufhin in Kategorien ein. Andere unbekannte, jedoch möglicherweise ebenso anwendbare Lösungen werden ignoriert. Dafür sind auch zufällige Prozesse und Emotionen entscheidend (Rizello, 2000, S. 128).

Schließlich erfolgt im Gehirn eine Dateninterpretation im Hinblick auf innere Werte und menschliche Sichtweisen sowie im Hinblick auf eigene Zielsetzungen des Individuums. Auch dieser Vorgang ist, wenngleich die Ziele bewusst sind, ein weitgehend unbewusster Prozess. Dabei suchen wir uns häufig die Interpretationen aus, die mit den vorhandenen Werten und Normen und auch mit den eigenen Zielsetzungen korrespondieren und in unser Entscheidungs- und Handlungssystem passen. Weitere mögliche Auslegungen werden unterbewertet oder ganz ignoriert. Diese Auffälligkeit beschreiben auch Daxhammer und Facsar (2012, S. 186 f.). Informationen, die nicht mit der persönlichen Sichtweise übereinstimmen, werden vernachlässigt. Stehen Vorstellungen in Einklang mit der individuellen Sichtweise, so werden diese grundsätzlich durch den Menschen präferiert und nicht verdrängt. Dies zeigt, dass kognitive Dissonanzen verringert oder gar vermieden werden können.

Gleichzeitig behalten wir eben auch diese Dinge in Erinnerung, die wir in einem entscheidenden Moment als wichtig oder intensiv wahrgenommen haben. Denn das Gehirn verfügt schlicht nicht über die Kapazität, sich alle möglichen Umweltereignisse einzuprägen. Vielmehr fokussiert es sich auf die Wichtigsten. Diese Erinnerungen prägen so schließlich wieder unsere zukünftige Reizwahrnehmung und -verarbeitung, Informationsinterpretation und -speicherung (▶ Abb. II.3).

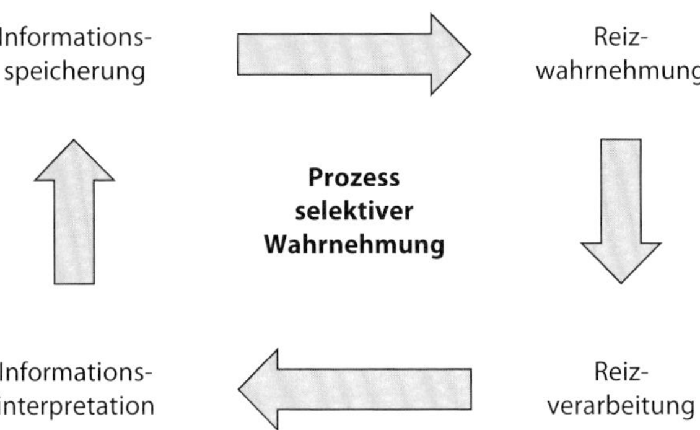

Abb. II.3: Prozesse selektiver Wahrnehmung

Demzufolge nehmen Menschen nicht alle vorhandenen Informationen in gleichem Maße auf, sondern es erfolgt eine Selektion und Gewichtung nach individuellen Maßstäben. Als Folge dieser verzerrten Informationsaufnahme stellt sich eine reduzierte Objektivität ein, die Fehlentscheidungen begünstigt und, bezogen auf die exemplarische Betrachtung der Finanzmärkte, ein Herdenverhalten nicht ausschließt. Gerade Investoren, die nicht über die notwendige Expertise verfügen, versuchen Marktverhalten zu kopieren und mit dem Strom zu schwimmen. Die Gier nach Kursgewinnen sowie die Ignoranz ökonomischer Rahmenparameter, als einem Vernachlässigen von relevanten Informationen, nimmt über Hand. Im Zusammenhang mit den Finanzmärkten konnten Kahneman und Tversky zeigen, dass Marktteilnehmer, die bereits ein bestimmtes Ereignis – wie einen Crash – erlebt haben, dessen Eintrittswahrscheinlichkeit deutlich höher werten, als Marktteilnehmer, die dieses Erleben noch nicht hatten (Kahneman & Tversky, 1974, S. 1127 f.).

Dennoch kann, korrekt angewandt, die selektive Wahrnehmung von Informationen, wie auch das Beispiel um die Notlandung auf dem Hudson River zeigt, eine sinnvolle Strategie darstellen, um den dargestellten Grenzen der menschlichen Informationsverarbeitung Rechnung zu tragen. Ein permanentes Hinterfragen und Analysieren neuer Erkenntnisse würde letztendlich zur Entscheidungsunfähigkeit des Menschen führen.

II.1.1.3 Der Einfluss der Informationsdarstellung auf die Wahrnehmung

Neben der bewussten bzw. unbewussten Vernachlässigung von Informationen und der damit einhergehenden selektiven Wahrnehmung stellt der Darstellungseffekt (Framing Bias) eine weitere Heuristik dar, die zu fehlerhaften Erkenntnissen führen kann.

Der **Framing-Effekt** ist das Bewegen/ Beeinflussen einer Person zu einer anderen Antwort mittels Umformulierung der Problemstellung, so dass sich die Antwort dann in einem anderen Rahmen (Frame) befindet.

Dies konnten Kahneman und Tversky (1981, S. 453) in einem Experiment nachweisen. Dabei wurde bei identischer Problemstellung der Modell- bzw. Entscheidungsrahmen sprachlich unterschiedlich beschrieben. Im ersten Fall erfolgt die Beschreibung im Kontext von Gewinnen (positive Alternative), während sich der zweite Fall an Verlusten (negative Alternative) orientiert:

- Positiv formulierte Alternativen
  - Durchführung eines Hilfsprogramms, bei dem 200 von 600 Personen gerettet werden.
  - Durchführung eines Hilfsprogramms, bei dem die Wahrscheinlichkeit zu 1/3 besteht, alle 600 zu retten
  - Ergebnis: Mit 72 Prozent entschieden sich die Teilnehmer für die sichere Alternative 1.
- Negativ formulierte Alternativen
  - Durchführung eines Hilfsprograms, bei dem 400 von 600 Personen sterben.
  - Durchführung eines Hilfsprogramms, bei dem es eine Wahrscheinlichkeit von 2/3 gibt, dass alle sterben.
  - Ergebnis: Die Mehrheit (78 Prozent) entschied sich für die riskante Alternative 4.

Ursächlich hierfür ist das System 1, das für Emotionalität, wie »retten« oder »sterben« verantwortlich ist. Das heißt, es erfolgt je nach sprachlicher Darstellung ein Wechsel der individuellen Präferenzen und somit auch der Annahmen zu rationalem Verhalten. Auch dieser Effekt kann mittels Wertefunktion dargestellt werden.

Dabei kann der Rahmen (Frame) auch als Abhängigkeit (Dependence) verstanden werden, da das Denken und die Entscheidungen durch die Darstellung der Information beeinflusst wird (Lindenberg & Steg, 2007, S. 117). Frame Dependence äußert sich – wie auch in dem Experiment von Tversky und Kahneman dargestellt – u. a. in der Wahrnehmung von Gewinnen oder Verlusten. So verhalten sich viele Menschen anders, wenn sie eine Situation als Verlust wahrnehmen als wenn sie daraus einen Gewinn erfahren (Shefrin, 2002, S. 1). Ein Grund hierfür ist die Verlustaversion des Einzelnen. Menschen weigern sich vielfach, Verluste anzuerkennen, während Gewinne bereits antizipiert werden, bevor sie Realität werden, also Erkenntnisse, die u. a. auch im Bereich der Werbung von Finanzprodukten zum Einsatz kommen. Dabei kann die Art der Informationsdarstellung auch Einfluss auf unsere Risiko-Rendite-Wahrnehmung nehmen (Jordan, S., 2004, S. 37 ff.) Bereits die unterschiedliche Darstellung des Investmentrisikos zwischen Balken- und Verteilungsdiagrammen führt zu individuell unterschiedlichen Wahrnehmungen.

Zahlreiche rahmengebende Faktoren sind relevant, so etwa:

- **Intensität**: Dabei bestimmt die Intensität, mit der ein Reiz auf uns einströmt, was wir wahrnehmen. Aufdringliche Personen finden eher Gehör als Zurückhaltende.
- **Anordnung**: Sachverhalte wirken dann noch prominenter und einprägsamer, wenn sie bestimmten Anordnungsprinzipien entsprechen, die unsere Sinne, also beispielsweise die visuelle Wahrnehmung, in besonderer Weise ansprechen (De Vreese, 2005).
- **Nähe bzw. Ähnlichkeit** (▸ Abb. II.4): Objekte werden dann als einander zugehörig betrachtet, wenn sie sich gegenüber anderen in physisch größerer Nähe befinden. Elemente, die in ihren Eigenschaften, z. B. Farbe oder Größe, gleichartig sind, werden als einer Gruppe zugehörig betrachtet. So werden beim »Gesetz der Nähe« diejenigen Elemente, die nahe beieinanderliegen als zusammengehörend wahrgenommen. Dementsprechend werden drei Linienpaare im Gegensatz zu 6 einzelnen Linien erkannt.

Abb. II.4: Gesetz der Nähe gemäß Gestalttheorie der Berliner Schule (Quelle: Galliker, M., Klein, M. & Sibylle Rykart, S., 2007)

- **Figur und Hintergrund** (▸ Abb. II.5): Die Umwelt oder Bilder werden unterschiedlich interpretiert. Gut strukturierte Elemente werden eher als Figur, weniger strukturierte Teile eher als Hintergrund wahrgenommen. Wir können das Bild nur erkennen, wenn es sich vom Hintergrund unterscheidet. Gemäß dem Figur-Hintergrund-Gesetz wird die Umwelt in vordergründige Objekte und den Hintergrund untergliedert (Kim et al., 2008, 726).

In gleicher Weise wirken auf geistiger Ebene bestehende Schemata und Vorurteile, in die wir neue Ereignisse eingruppieren. Aufgrund verankerter Kategorien ordnen wir neue Impressionen diesen automatisch zu (Hugenberg et al., 2006, S. 1020). Der Rahmen der Wahrnehmung bestimmt, wie wir etwas erkennen, wie wir den Eindruck verarbeiten, interpretieren und schließlich erneut als Erfahrung oder Wissen ablegen.

Abb. II.5: Figur und Hintergrund (Quelle: Guam, https://commons.wikimedia.org/wiki/File:Cup_or_faces_paradox.svg, abgerufen am 28.10.20, CC BY-SA 3.0-Lizenz)

Es hat sich gezeigt, dass die Darstellung des Preises/ Wertes in den unterschiedlichsten Bereichen von der Wirtschaft bis hin zur Politik genutzt wird, um Erfolge noch eindrucksvoller zu präsentieren bzw. Misserfolge zu verschleiern.

II.1.2 Strategien zum Umgang mit dem Phänomen der selektiven Wahrnehmung

Diesem Mechanismus sind wir vielfach hilflos ausgeliefert. Wer jedoch die dargestellten Prinzipien kennt, kann einige Strategien anwenden, um weniger selektiv wahrzunehmen und sich von den Rahmenbedingungen, in denen die Rezeption erfolgt, nicht täuschen zu lassen. Letztendlich nutzt alles, was herangezogen werden kann, um kognitive Verzerrung durch das sogenannte Debiasing wirksam zu bekämpfen (Fischoff, 1981, S. 1). Debiasing hilft die Intensität und Häufigkeit des Bias zu reduzieren (▸ Kap. III.4).

So lassen sich missliche Situationen in ein positives Licht rücken, indem man sich veranschaulicht, welche weit schlimmeren Ereignisse hätten eintreten können und indem man sich mit dem Erreichten zufriedengibt (Shefrin, 2002, S. 1). Eine inverse Sichtweise aus der Perspektive des Gegenübers kann hilfreich sein, um sich beispielsweise bei Verhandlungssituationen in den anderen hineinzuversetzen und damit strategisch gegnerische Aktionen zu antizipieren.

Hilfreich für das Training, die eigene selektive Wahrnehmung abzulegen und Situationen objektiver betrachten können, eigen sich auch Videoaufnahmen des eigenen oder des Verhaltens anderer. Werden diese bewusst reflektiert, können eigene Denk- und Handlungsmuster durchbrochen werden (Weber et al., 2020, 1 ff.). Gelingt dies nicht in Eigenarbeit, können Coaching-Sitzungen helfen, die Sichtweise anderer kennenzulernen und der eigenen Perspektive gegenüberzustellen. So kann trainiert werden, in zukünftigen Situationen, alternative Sichtweisen einzunehmen (Schnell, 2019, S. 35).

Bereits das bewusste Auseinandersetzen mit dem beschriebenen Phänomen kann als Strategie zur Prävention angesehen werden. Exemplarisch kann hier auch die akademische Lehre herangezogen werden. So werden i. d. R. leistungsstärkere Studierende deutlicher wahrgenommen als Schwächere, mit allen daraus resultierenden Konsequenzen, wie bspw. im Extremfall der unbewussten Vernachlässigung der Kohorte zu Gunsten der ›Starken‹. Hierunter fällt letztendlich auch das sog. Manager-Ego. Führungskräfte sind demnach so von sich und ihren Leistungen überzeugt, dass alle anderen Meinung ungehört bleiben. Ein solches Status-quo-Denken verhindert jegliche positive Weiterentwicklung des Unternehmens. Als Debiasing-Maßnahme oder -Strategie könnten die »Five Why's« herangezogen werden, um Probleme und Lösung ofenkundig zu machen (▶ Abb. II.6). Die Vorgehensweise bei der Anwendung dieser Methode ist denkbar einfach (Serrat, 2009). Die Warum-Fragen können dabei problembezogen gestellt und im weiteren Verlauf analysiert werden.

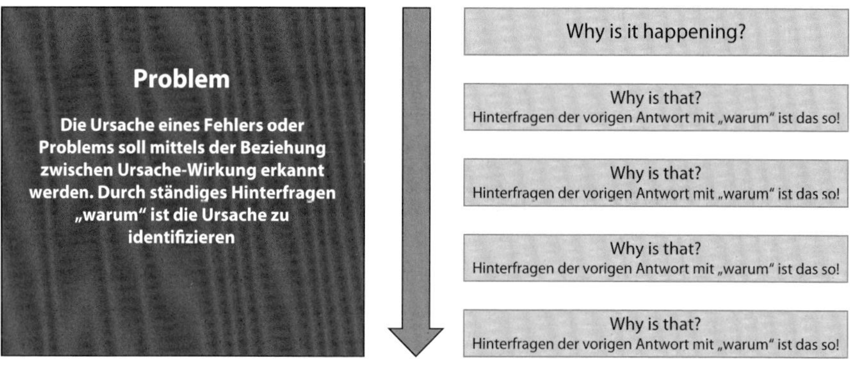

Abb. II.6: Die fünf »Whys« (Quelle: Eigene Darstellung in Anlehnung an Card, A., 2016)

Die vorangehenden Ausführungen haben ansatzweise kenntlich gemacht, dass Investoren auch von emotionalen Gesichtspunkten geleitet werden, die Einfluss auf Wahrnehmung oder auch Entscheidungsfähigkeit haben. Das Wissen um die Verzerrung von Informationswahrnehmung und -darstellung sowie die Kenntnisse um die Systeme 1 und 2 versetzt Investoren in die Lage, bessere Anlageentscheidungen zu treffen – die Rationalität tritt wieder in den Vordergrund. So kann das bewusste Auseinandersetzen als Strategie hilfreich sein, um Muster zu erkennen oder plausible Gründe für die Investition zu liefern.

Ein Verständnis des Phänomens selektiver Wahrnehmung und der situativen Informationsdarstellung ermöglicht es somit, Automatismen in unserem Denken und Handeln zu kompensieren (Durfee, 2006, S. 459). Bewusstes Entscheiden fördert rationales Handeln, auch abweichend zu gesellschaftlichen Trends.

II.1.3 Kontrollfragen

1. Was ist unter ›selektiver Wahrnehmung‹ zu verstehen?
2. Was ist unter ›Framing‹ zu verstehen?
3. Was bringt das ›Gesetz zur Nähe‹ zum Ausdruck?
4. Gibt es Strategien zur Reduktion von Wahrnehmungsfehlern?

Literatur zu Kapitel II.1

Bruner, S. (1951): Personality dynamics and the process of perceiving, in: Blake, R./ Ramsey, G. (Hrsg.): Perception, an approach to personality, New York, 121-147

Card, A. (2016): The problem with ›5 whys‹. BMJ quality & safety, online: https://www.researchgate.net/publication/307599981_The_problem_with_'5_whys'/citation/download, abgerufen 22.8.2020

Daxhammer, R. & Facsar, M. (2012): Behavioral Finance: Verhaltenswissenschaftliche Finanzmarktforschung im Lichte begrenzt rationaler Marktteilnehmer, Konstanz

De Vreese, C. H. (2005): News framing: Theory and typology, in: Information design journal & document design, 13 (1), 51-62

Drummond, H., & Hodgson, J. (2011): Escalation in decision-making: Behavioral economics in business, New York

Durfee, J. L. (2006): »Social change« and »status quo« framing effects on risk perception: An exploratory experiment, in: Science Communication, 27 (4), 459-495

Earl, P. (1990): Behavioral economics, Edward Elgar Publishing, Band 0, Nummer 680

Felser, G. (1997): Werbe- und Konsumentenpsychologie: Eine Einführung, Heidelberg

Fischoff, B. (1981): Debiasing, online: https://www.researchgate.net/publication/258210450_A_User's_Guide_to_Debiasing, abgerufen am 2.5.2020

Galliker, M., Klein, M. & Sibylle Rykart, S. (2007): Meilensteine der Psychologie, Stuttgart

Hugenberg, K., Bodenhausen, G. V., & McLain, M. (2006): Framing discrimination: Effects of inclusion versus exclusion mind-sets on stereotypic judgments, in: Journal of personality and social psychology, 91 (6), 1020

Jordan, J. (2004): Behavioral Finance und Werbung für Investmentfonds: Beeinflussung der Risko-Rendite-Wahrnehmung Privater Anleger, Wiesbaden

Kahneman, D. & Tversky, A. (1981): The Framing of Decisions and the Psychology of Choice, in: Science, 211, 453-458

Kim, S., Yoon, K. J. & Kweon, I. S. (2008): Object recognition using a generalized robust invariant feature and Gestalt's law of proximity and similarity, in: Pattern Recognition, 41 (2), 726-741

Kirchgässner, G. (2008): Homo oeconomicus: The economic model of behaviour and its applications in economics and other social sciences, Vol. 6, New York

Kirchler, E., Maciejovsky, B. & Weber, M. (2005): Framing effects, selective information, and market behavior: An experimental analysis, in: The Journal of Behavioral Finance, 6 (2), 90-100

Lindenberg, S. & Steg, L. (2007): Normative, gain and hedonic goal frames guiding environmental behavior, in: Journal of Social issues, 63 (1), 117-137

McCormick, M. & Seta, J. J. (2012): Lateralized goal framing: how selective presentation impacts message effectiveness, in: Journal of health psychology, 17 (8), 1099-1109

Papies, E. K., Best, M., Gelibter, E. & Barsalou, L. W. (2017): The role of simulations in consumer experiences and behavior: Insights from the grounded cognition theory of desire, in: Journal of the Association for Consumer Research, 2 (4), 402-418

Rizzello, S. (2000): Economic change, subjective perception and institutional evolution, in: Metroeconomica, 51 (2), 127-150

Schnell, S. (2019): Ich seh ›da eigentlich etwas ganz anderes « – Professionelle Wahrnehmung von Lehrkräften erfassen und entwickeln, in: Frank, A., Krauss, S. & Binder (Hrsg.) (2019): Beiträge zum Mathematikunterricht 2019, Münster, 35 ff.

Shefrin, H. (2002): Beyond greed and fear: Understanding behavioral finance and the psychology of investing, Oxford

Serrat, O. (2009): Five Whys Technique, Washington

Stangl, W. (2020): Selektive Wahrnehmung. Online Lexikon für Psychologie und Pädagogik, online: https://lexikon.stangl.eu/1708/selektive-wahrnehmung/, abgerufen am 31.07.2020

Tversky, A. & Kahneman, D. (1974): Judgment under uncertainty: heuristics and biases, in: Science, Vol. 185, 1124-1131

Weber, K. E., Prilop, C. N., Viehoff, S., Gold, B. & Kleinknecht, M. (2020): Does a video-based practicum intervention provide a realistic picture of classroom management? A quantitative content analysis of the subprocesses of professional awareness, in: Zeitschrift für Erziehungswissenschaft (23), 343-365

II.2 Warum wir zur Selbstüberschätzung (Overconfidence) neigen

Werden nicht wesentliche Entscheidungen getroffen, nachdem jegliches für und wider bewertet wurde? Gilt es nicht, Entscheidungen rational zu treffen oder ist es vielleicht auch menschlich, sich an der einen oder anderen Stelle selbst zu überschätzen?

Losgelöst von den Ausführungen zu Homo oeconomicus und den skizzierten Ausführungen zum System 1 und System 2 (Kahnemann, 2014) neigen Menschen dazu, ihre Fähigkeiten egozentrisch zu beurteilen (▸ Kap. I.1.4). Eigene Erfolge werden dem eigenen Können und Misserfolge exogenen Einflüssen zugeschrieben (Selbstattribution). Dabei spielt es keine Rolle, ob dies der Student der Betriebswirtschaftslehre bezogen auf seine Mathematikfähigkeiten oder seine Grammatikkenntnisse (Kruger & Dunning, 1999), der Arbeitnehmer im Zusammenhang mit seinem beruflichen Können oder der (Ausnahme-)Sportler hinsichtlich des Beherrschens extremer Situationen ist.

Extreme Situationen – dabei springt man bspw. mittels eines Wingsuits von Berggipfeln und gleitet mit Geschwindigkeiten von bis zu 130 km/h und einer Sinkgeschwindigkeit von 40 bis 50 km/h durch Felsformationen und über Abgründe hinweg – eine Faszination, der Menschen schon seit Anfang des 20. Jahrhunderts erlegen sind (Valentin, 1955).

260 Tote wurden seit 1981 durch Wingsuit-Flüge in Deutschland gezählt. Darunter befinden sich viele medienbekannte Actionsport-Größen (ISPO, 2019). Dennoch springen täglich Menschen unter Begeisterung von Schaulustigen von außergewöhnlichsten Standorten. Sie gefährden dabei sich und andere (Burmeister, 2016).

Selbstüberschätzung keine Seltenheit in Ausbildung oder Freizeit, wie die Beispiele zeigen. Doch auch die Ökonomie ist voll von Beispielen, in denen die Selbstüberschätzung oder auch Überheblichkeit zu dramatischen Resultaten führten. Exemplarisch kann hier die Mannheimer Versicherungsgruppe oder Warenhauskonzern

Abb. II.7: Wingsuit-Springer über dem englischen Langar Airfield (Quelle: Wingsuiting, https://commons.wikimedia.org/wiki/File:Wingsuit_Flying_over_Langar_Airfield_UK.jpg, abgerufen am 28.10.20, CC BY-SA 4.0-Lizenz)

Arcandor ehemals Quelle Schickedanz AG & Co. angeführt werden. Homberg und Osterloh (2010) untersuchten dabei dieses Phänomen bei Fusionen und Übernehmen. In den Studien zeigte sich, dass Entscheidungsverhalten vom nutzenmaximierenden Verhalten des Homo oeconomicus abweichen. Individuen neigen nun einmal dazu die eigenen Fähigkeiten besser oder höher als die anderer einzuschätzen. Hinzu kamen Effekte, wie Eigennutz oder sonstige Bonifikationen. Möglichkeiten zur Reduktion fehlender Selbsteinschätzung kann bspw. in der Installation eines starken Kontrollgremiums gesehen werden.

»Unter **Überoptimismus (Overconfidence)** versteht man das Phänomen, dass Menschen sich selbst und Fähigkeiten eigennützig und egozentrisch beurteilen.« (Beck, 2014, S. 58)

Der folgende Beitrag erläutert das Phänomen der Overconfidence – des übertriebenen Vertrauens in sich und die eigenen Fähigkeiten – anhand praktischer, lebensnaher Beispiele im Kontext der verhaltenspsychologischen Forschung und überträgt dies u. a. in die Finanzwirtschaft. Somit lassen sich neben Alltagsrisiken auch irrationale Investorenentscheidungen an den Finanzmärkten erklären und können dazu beitragen, Investitionsrisiken gezielt zu verringern (Myers, 2005, S. 440 f.).

II.2.1 Theoretische Einordnung der Overconfidence in den Kontext der Behavioral Finance

Die Begrifflichkeiten der Entscheidungsheuristik und der Overconfidence wurden durch die psychologische Entscheidungsforschung und die darauf aufbauende Behavioral Economics geprägt, welche durch die Psychologen Tversky und Kahneman (1989, S. 81) in den 1970er Jahren begründet wurden. Die psychologische Entscheidungsforschung untersucht mentale Vorgänge, die menschlichen Entscheidungen zu Grunde liegen, beschreibt und typisiert Entscheidungsmuster, denen Menschen häufig folgen und ergründet Ursachen hierfür (Betsch, et al., S. 67). Aufgrund der Berücksichtigung von Emotionen und subjektiven Mustern für die Entscheidungsfindung grenzt sie sich von rationalen Entscheidungsmodellen, wie etwa der klassischen Präferenzanalyse nach dem Prinzip von Laplace oder Bernoulli ab (Thaler, 1986, S. 279). Hieraus resultiert die Attraktivität der psychologischen Entscheidungsforschung für die Erweiterung des dargestellten Referenzmodells des Homo oeconomicus im Rahmen der sogenannten Behavioral Economics.

Die **Behavioral Economics** befasst sich mit den Einflüssen psychologischer, kognitiver, emotionaler, kultureller und sozialer Faktoren auf wirtschaftliche Entscheidungen von Menschen und Institutionen und untersucht, inwiefern diese Entscheidungen in der Praxis von rationalem Verhalten abweichen und was die Ursachen hierfür sind (Pesendorfer, 2006, S. 712). Dabei stützen sich ihre Theorien meist auf empirische Beobachtungen von und Experimente mit Personen in Entscheidungssituationen (Kahnemann, 2003, S. 164 f.). Diese bestätigen unter anderem den Einfluss von Entscheidungsheuristiken und der Overconfidence Bias auf die menschliche Entscheidungsfindung.

II.2.2 Entscheidungsheuristiken – der Schlüssel für praktikable Lösungen

Der Begriff **Heuristik** (aus dem Altgriegischen ›heuriskein‹ = auffinden, entdecken) beschreibt die Fähigkeit, mit begrenzter und unvollständiger Information und bei begrenzter verfügbarer Zeit dennoch praktikable Lösungen und Entscheidungen zu erzielen. Es werden also nur wesentliche Informationen genutzt und eine Vielzahl an Informationen wird ignoriert. Heuristiken sind demnach niemals optimal, sondern allenfalls robust, sofern sie auf andere, ähnliche Entscheidungsprobleme übertragen werden können.

Die Strategie, die wir im Rahmen der Entscheidungsproblematik nutzen, ist eben jene Heuristik, die wir auch umgangssprachlich als Daumenregel bezeichnen. Sie bietet uns die Möglichkeit, schnell und adaptiv auf Veränderungen reagieren zu können. Dabei ist die Daumenregel kein theoretisches Konstrukt, sondern auch Teil unseres Erfahrungsschatzes, um beispielsweise einen Ball zu fangen. Wir fixieren den

Ball mit unseren Augen und passen unsere Bewegung der Flugbahn des Balls an, mit dem Ergebnis, dass wir dort ankommen, wo der Ball ankommt und diesen auffangen können. Eine Blickheuristik lässt uns die richtigen Entscheidungen im Sinne von Bewegungsabläufen treffen, so dass es uns gelingt, den Ball zu fangen.

Auch die Bauernregel (»Ist der Mai kühl und nass, füllt's dem Bauern Scheun' und Fass«) kann als Beispiele für eine Heuristik herangezogen werden. Lange Zeit war eine exakte Wettervorhersage nicht möglich. Im Rahmen von Beobachtungen wurde erkannt, dass auf ein bestimmtes Ereignis (der Mai ist kühl und nass) in der Regel ein bestimmtes anderes Ereignis folgt (die Ernte ist gut und füllt demnach die Scheune). Aus der Beobachtung folgt die Empfehlung oder Hinweis an den Bauern.

An dieser Stelle sei nochmals auf die skizzierte Entscheidungsfindung von Chelsey B. Sullenberger (▶ Kap. I.3) hingewiesen. Heuristische Entscheidungen sind pragmatisch und optimieren nicht systematisch den Erwartungswert des Ergebnisses, sondern geben sich mit Lösungen zufrieden, die für eine vorgegebene Zielsetzung hinreichend und idealerweise sicher sind. Entscheidungsheuristiken können sinnvoll angewandt werden, wenn eine systematische und vollständige Analyse aller möglichen Entscheidungsoptionen unter Berücksichtigung der Erfolgswahrscheinlichkeiten aus zeitlichen oder informationellen Gründen nicht möglich ist (Thorngate, 1980, S. 219).

So kann ein Aktienanleger etwa nicht aus dem Universum aller weltweit gehandelten Aktien diejenigen systematisch auswählen, die aufgrund ihrer Renditen in der Vergangenheit das höchste Gewinnpotential versprechen. Der Anleger wird daher auf ein kleineres Portfolio für die Analyse zurückgreifen, für das er in kurzer Zeit und übersichtlich möglichst umfangreiche Informationen gewinnen kann. Dies könnte beispielsweise ein Musterportfolio sein, das in einem Investmentjournal vorgestellt wird. Diese vereinfachende, heuristische Betrachtung kann dem Investor dennoch eine Auswahl von profitablen Titeln ermöglichen. Höchstwahrscheinlich liegt sein Renditeergebnis aufgrund der fundierten Vorselektion durch die Analysten des Magazins gar höher, als wenn er selbst systematisch alle verfügbaren Aktien analysiert hätte. Heuristiken stellen somit Vereinfachungen für Entscheidungsprozesse dar. Sie können aufgrund der Methodik der Informationsreduktion dennoch fundierte Ergebnisse bieten und sparen dabei Entscheidungszeit ein.

Allerdings birgt die Anwendung von Entscheidungsheuristiken auch Risiken, da nicht alle Eventualitäten und alle möglichen Entscheidungsoptionen berücksichtigt werden können. Meszaros (1999, S. 978) verdeutlicht die Problematik einer heuristischen Planung anhand sehr seltener Katastrophenereignisse wie Erdbeben, Havarien von Chemiefabriken (z. B. Bhopal/ Indien) oder die aktuelle Pandemie (COVID 19). In solchen Situationen scheitern heuristische Planungen vielfach, da die spezifischen Umstände, unter denen sich außergewöhnliche Katastrophensituationen ereignen, sehr selten zusammentreffen und somit nicht im Horizont bisheriger Erfahrungen berücksichtigt sind und damit nicht durch Wahrscheinlichkeitsberechnungen zuverlässig prognostiziert werden können.

Es hat sich gezeigt, dass wir auf eine Vielzahl unterschiedlichen Heuristiken zurückgreifen, die ansatzweise wie folgt strukturiert werden können (in Anlehnung an Beck, 2014. S. 25 ff.):

- Heuristiken zur Komplexitätsreduzierung
  - Verfügbarkeitsheuristik
  - Vereinfachungsheuristik. Bsp. auch das aus der Ökonomie bekannte Chart kann den Vereinfachungsheuristiken zugeordnet werden. Gilt es doch Regeln oder Muster historischer Entwicklungen zu erkennen und Schlüsse zu ziehen.
  - mentale Kontenführung
- Heuristiken für eine schnelle Urteilsfindung
  - Repräsentativitätsheuristik
  - Verankerungsheuristik
  - Bestätigungs-Bias und
  - Overconfidence

II.2.3 Overconfidence – Verzerrungen der individuellen Erwartungsbildung

Problematisch bei der Anwendung von Entscheidungsheuristiken ist vor allem das Phänomen der ›**Overconfidence**‹, dem übertriebenen Vertrauen in die Zuverlässigkeit der eigenen Entscheidungsfindung, ohne dass mögliche negative Abweichungen von der eigenen Erwartung berücksichtigt werden (Johnson & Fowler, 2011, S. 317). Es liegen Verzerrungen in der Informationsverarbeitung und bei der Entscheidungsfindung vor.

Die Verzerrung in der Informationsverarbeitung kann eine Vielzahl an Ursachen und Einflussfaktoren haben. Ursächlich hierfür können u. a. sein:

- Eigennutz,
- Geschlecht,
- Kultur oder
- historische Erkenntnisse.

Grundlegend für das Verständnis des Phänomens der Overconfidence ist die von Tversky und Kahneman (Kahneman & Tversky, 1979, S. 263) entworfene ›Prospect Theorie‹. Diese postuliert, dass Menschen, die unter Unsicherheit entscheiden, stets von der persönlichen Situation zum Zeitpunkt der Entscheidung ausgehen, jedoch keine allgemein gültige neutrale mathematische Betrachtung anstellen. Sie wenden somit Entscheidungsheuristiken an, die auf der persönlichen Erfahrung und auch auf der aktuellen Situation beruhen. Hat ein Aktienanleger etwa in der Vergangenheit die Erfahrung gemacht, dass Aktienkurse meist einem Trend folgen und ist dieser Trend im Augenblick aufwärtsgerichtet, so ist er geneigt, weitere Aktien zu kaufen in der Erwartung, dass dieser Aufwärtstrend sich fortsetzen wird, und er somit von der Marktentwicklung (weiterhin) profitieren wird.

Das Vertrauen in die historische Marktentwicklung und übertriebener Optimismus spornen Menschen an, Entscheidungen zu treffen, während die Konsequenzen möglichen Scheiterns ausgeklammert werden (Johnson & Fowler, 2011, S. 317). Eine

Fehleinschätzung, die sich u. a. nach der Dotcom-Krise zeigte und in Folge dessen die Zentralbanken weltweit die Leitzinsen senkten. Der US-Basiszins lag Ende 2004 bei nur noch 1 Prozent, der EZB-Leitzins bei 2 Prozent. Dieser erneute expansive geldpolitische Schritt bewirkte in den USA stark steigende Investitionen in spekulative Sachwerte, da durch Sparanlagen kaum mehr Renditen zu erzielen waren: Der S&P 500 stieg zwischen 2002 und 2007 um beinahe 100 Prozent an. Immobilien verteuerten sich zwischen 2001 und 2006 um rund 10 Prozent pro Jahr. Das Muster, das Aktien- und Realgütermärkte zwischen 1990 und 2002 durchlaufen hatten, wiederholte sich somit auf höherem Niveau in der Periode 2002 bis 2007 (Putnoki, 2010). Die Verhaltensökonomik hatte das Verhalten der Marktteilnehmer somit korrekt antizipiert: Ein Boom wirkt selbstverstärkend. Anleger werden durch das Kaufverhalten einer Masse von Investoren ebenfalls zum Kauf angeregt. Diese überschießende Entwicklung und dem Hinterherlaufen eines Trends musste in einem Crash enden.

Menschen neigen dazu, realisierte Erfolge gegenüber erlittenen Verlusten überzubewerten und dabei subjektiv ihre Erfolgswahrscheinlichkeit höher einzuschätzen als im Falle eines Scheiterns, obwohl dafür keine statistische Begründung besteht (Tversky & Kahneman, 1992, S. 297). Dies zeigt das einführende Beispiel der Wingsuit-Piloten. Auch Start-up-Unternehmer verfügen über ein höheres Selbstvertrauen als angestellte Manager und nutzen exorbitante Gewinn- und Wachstumschancen auch dadurch, dass sie das Risiko zu scheitern, mental ausblenden, auch wenn dieses Verhalten dem ›gesunden Menschenverstand‹ der Mehrheit der Marktteilnehmer widerspricht (Bernardo & Welch, 2001, S. 301).

Overconfidence lässt jedoch auch viele Unternehmer und Spekulanten scheitern, denn die überoptimistische Selbsteinschätzung des Menschen ist getrieben durch Fehleinschätzungen, unrealistische Annahmen und risikoreiches Verhalten. Die eigene Leistung und das eigene Wissen wird gegenüber der Mehrheit der anderen Marktteilnehmer systematisch überschätzt (Hirshleifer, 2001, S. 1533). Die Vernachlässigung einer systematischen Analyse der Erfolgswahrscheinlichkeiten einer Entscheidung und der möglichen Folgen von unbedachtem Handeln erhöht gegenüber systematischem Kalkül das Risiko der Fehlinvestition (Sewell, 2003, S. 2 f.).

Problematisch erweist sich Overconfidence vor allem dann, wenn eine Mehrheit von Marktteilnehmern Risiken ignoriert und sich selbst überschätzt. Dies ist der Fall, wenn Individuen sich durch die Haltung einer Personenmehrheit beeinflussen lassen, ein Phänomen, das durch die Behavioural Economics im Rahmen der Cumulative Prospect Theorie beschrieben wird (Tversky & Kahneman, 1992, S. 300 f.). Aufgrund der überoptimistischen Haltung einer kritischen Masse von Marktteilnehmern kommt es somit zu einem exponentiellen Überschießen von Kursentwicklungen auf Aktienmärkten, wie es beispielsweise im Jahr 2000 im Zuge der Internetblase der Fall war (Sewell, 2007, S. 8; Shiller, 2000, S. 25 ff.).

Sobald Anleger merken, dass ihre Erwartungen möglicherweise nicht realistisch waren, können Spekulationsblasen schlagartig platzen und rapide Marktcrashs auslösen, die der Mehrheit der zuvor durch Overconfidence geprägten Anleger massive Kapitalverluste einbringen. Korrespondierend verloren in der Aktienmarktkrise von 2001 viele Dotcom-Unternehmen über 90 Prozent ihres Wertes, nachdem

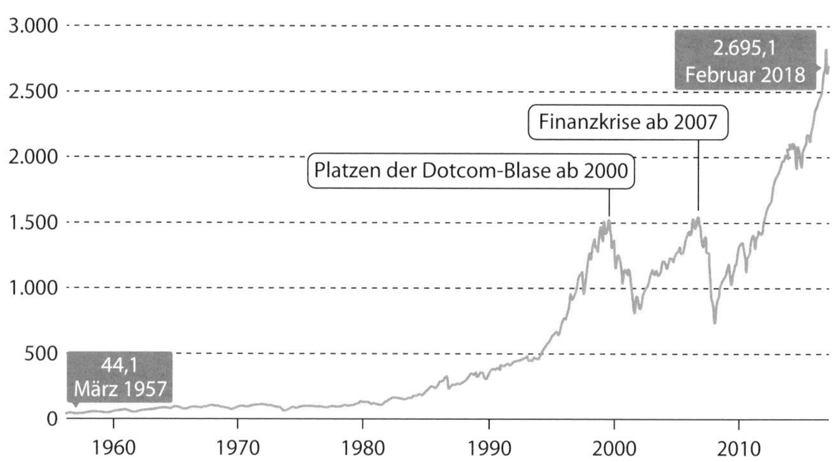

Abb. II.8: Ausgewählte Bubbles und Crashes anhand der Entwicklung des amerikanischen Aktienindexes Standard & Poor's 500 seit der Einführung 1957 (Quelle: statista, 2020)

sich Gerüchte über manipulierte Gewinn- und Wachstumsprognosen einzelner Unternehmen international verbreitet hatten (Scheinkman & Xiong, 2003, S. 1183). Doch im Nachhinein ist man immer schlauer – Eintrittswahrscheinlichkeiten werden plötzlich anders beurteilt, man spricht vom sog. Hindsight-Bias. Ein Eindruck, der nicht nur nach Dotcom-Krise, sondern auch nach der US-Immobilienkrise im Jahre 2008 gewonnen werden konnte, war es doch zahlreichen Politikern, Bankern oder Ökonomen klar, dass es sich bei der Kursentwicklung um eine Blase handeln musste, die nur im Crash enden konnte.

Übertrieben optimistische Fehleinschätzungen sich auch in anderen Bereichen zu finden. Exemplarisch sei hier eines der bekanntesten deutschen Infrastrukturprojekte genannt, das mit großen Kosten- und Zeitüberschreitungen verbunden ist. Der Flughafen Berlin Brandenburg mit dem Baubeginn im Jahre 2006 und einer Kostensteigerung um mehrere Milliarden Euro (flughafen-berlin-kosten.de): 2006, September, geplante Kosten 2 Milliarden EURO, Eröffnung 2011, Oktober; 2012, September, geplante Kosten 4,3 Milliarden EURO, Eröffnung 2013, Oktober; 2019, November, geplante Kosten 6,4 Milliarden EURO, Eröffnung 2020, Oktober.

So zeigte sich auch hier ein Überoptimismus in die Selbsteinschätzung der eigenen Fähigkeiten beispielsweise zur Prognosebildung mit gravierdenden Auswirkungen auf die Terminhaltung, wie oben ersichtlich.

Doch was ist unter Überoptimismus zu verstehen? Dafür steht die Aussage: »The future will be great, especially for me« (Taylor & Brown, 1988, S. 197). Der Inhalt dieser Aussage kann aus drei Teilen zusammenfasst werden (Taylor & Brown, 1988, S. 195 ff.):

- Einem unrealistischen Selbstbild und damit der Tendenz, die eigenen Fähigkeiten im Vergleich zum Durchschnitt als besser zu bewerten,

- einem unrealtischen Optimismus, bei dem der Eintritt positiver Ereignisse im Verhältnis zu negativen Ereignissen überschätzt wird,
- einer Illussion der Kontrolle, wobei schlicht Glück mit Kontrolle/Steuerbarkeit gleichgesetzt wird.

Bezogen auf das oben skizzierte Bauprojekt können Faktoren, wie

- Art des Akteurs (öffentlich/ privat),
- Hierarchie oder
- Berufserfahrung/ Fachwissen.

Einfluss nehmen auf das Ausmaß/ den Grad der jeweiligen Selbstüberschätzung des Individuums.

Doch woher resultieren diese Verzerrungen? Denkbare Erklärungsansätze für das Zustandekommen von Selbstüberschätzung kann in diversen Heuristiken gefunden werden. Exemplarisch seien hier die Repräsentativitäts-, die Verfügbarkeits- und die Verankerungsheuristik genannt. Gemäß Repräsentativitätsheuristik tendiert das Individuum dazu, unvollständige Bilder durch Auslassungen und Ergänzungen zu vervollständigen. Es wird fälschlicher Weise davon ausgegangen, dass eine Stichprobe in angemessener Weise die Grundgesamtheit abbildet.

II.2.4 Können/ Wollen wir überhaupt dem Overconfidence-Phänomen entkommen?

Entscheidungsheuristiken können vorteilhaft sein, bergen jedoch gegenüber einer vollständigen Analyse auch erhöhte Risiken der Fehlentscheidung. Kognitive Verzerrungen, die am langen Ende zu Hybris bzw. Fehlentscheidung (Bias) führen, können auch gemildert oder gar vermieden werden. Bezogen auf das Kapitel zur rationalen Entscheidungsfindung und die Notlandung auf dem Hudson (► Kap. I.3) lässt sich anführen, dass Training eine Methodik darstellt, Fehlentscheidungen zu begrenzen. Auch die sogenannte Intencivierung von Leistungen, verstanden als die Schaffung von Anreizen zur Beeinflussung des Verhaltens, kann dazu beitragen, dass Mitarbeiter die richtigen Entscheidungen im Hinblick auf das jeweilige Unternehmensziel treffen. Ähnliches zeigt sich auch innerhalb unseres Sozialsystems, so werden wir durch (monetäre) Anreize geleitet, um ergänzend privat für das Alter vorzusorgen. Exemplarisch sei hier die Riester-Prämie genannt.

Wirtschaftlich hat Overconfidence enorme Erfolge bewirkt, so etwa bei der Übernahme und Restrukturierung von Unternehmen. Es birgt statistisch betrachtet jedoch gegenüber einem angepassten Verhalten das hohe Risiko zu scheitern. Oftmals gehen mit der fehlerhaften Selbsteinschätzung falsche Annahmen, wie hypothetischer Wertzuwachs des fusionierten Unternehmens, aber auch der Eigennutz des Entscheiders einher.

Wie können wir als Marktakteure diese Risiken reduzieren und dennoch die Potentiale des unternehmerischen Optimismus nutzen? Selart et al. (2006, S. 437) zeigen, dass die Erfolgswahrscheinlichkeit bei der Anwendung von Entscheidungsheuristiken von der Art ihrer Verwendung abhängt: Menschen, die erfolgreich mit Heuristiken umgehen, betrachten eine höhere Zahl von Merkmalen einer Entscheidungssituation und verwenden auf die Entscheidung mehr Zeit als weniger erfolgreiche Teilnehmer des Experiments. Vor allem lassen sich Personen, die erfolgreich Heuristiken nutzen, jedoch nicht von statistischen Eintrittswahrscheinlichkeiten täuschen, sondern betrachten stattdessen absolute Ereignishäufigkeiten und die möglichen Folgen der Ereignisse. Kapitalmarktinvestoren wenden aufgrund der Fülle verfügbarer Informationen und der häufig kurzen für Investitionsentscheidungen verfügbaren Zeit zwangsläufig Entscheidungsheuristiken an, sollten dabei jedoch Vorsicht walten lassen und insbesondere existenzbedrohende Risiken, die das verfügbare (Eigen-)Kapital übersteigen, vermeiden. Es hat sich gezeigt, dass der Dispositionseffekt, verstanden als Neigung von Anlegern, Wertpapiere, die seit dem Kauf in Ihrem Kurs gestiegen sind, zu früh zu verkaufen und zugleich Wertpapiere, die seit dem Kauf in ihrem Kurs gefallen sind, zu lange zu halten, durch die Bereitstellung von Informationen signifikant gesenkt werden konnte (Dobrich et al., 2014, S. 8). Das heißt, je umfangreicher und sicherer unsere Informationsbasis ist, desto besser die Qualität unserer Entscheidung? Eine Annahme, die auch Barber und Odean (2002) stützen.

Doch wollen wir dem Overconfidence-Phänomen immer entkommen? Wie Johnson & Fowler (2001, S. 1) belegen, kann Overconfidence auch Strategie sein, um in hoch kompetitiven Märkten mit knappen Ressourcen erfolgreich zu sein, da nur High-Risk Strategien diese Ressourcen erschließen können. Diese Situation könnte beispielsweise auf Tesla Gründer Elon Musk zutreffen, der erstmals E-Autos als Premiumprodukte international marktfähig macht. Start-up-Entrepreneure, die nichts zu verlieren haben oder gegen eine Insolvenz abgesichert sind, können die Potentiale neuer Märkte nutzen. Etablierte Unternehmen jedoch sollten sich vom Bonmot des Börsenexperten André Kostolani (1906-1999) leiten lassen: »Wer viel Geld hat, kann spekulieren, wer wenig Geld hat, darf nicht spekulieren, wer kein Geld hat, muss spekulieren« (zitiert nach Gevestor, 2019, online).

II.2.5 Kontrollfragen

1. Was ist unter einer Heuristik zu verstehen?
2. Was ist unter Overconfidence zu verstehen?
3. Wann tritt bevorzugt Overconfidence auf?
4. Ist Overconfidence eher negativ oder eher positiv zu bewerten?

Literatur zu Kapitel II.2

Barber, B. & Odean, T. (2002): Boys will be Boys: Gender, Overconfidence and Common Stock Investment, in: Quarterly Journal of Economics, 116 (1), 261-292

Bernardo, A. E. & Welch, I. (2001): On the evolution of overconfidence and entrepreneurs, in: Journal of Economics & Management Strategy, 10 (3), 301-330

Betsch, T., Funke, J. & Plessner, H. (2011): Einführung in die Entscheidungsforschung, in: Denken – Urteilen, Entscheiden, Problemlösen, Berlin und Heidelberg, 67-77

Burmeister, T. (2016): Basejumping: Jeder kleine Fehler kann töten, T-online.de, Beitrag vom 05.12.2016, online: https://www.t-online.de/gesundheit/fitness/id_78338446/basejumping-in-lauterbrunnen-die-totenliste-wird-laenger.html, abgerufen am 19.12.2019

Dobrich, C., Wollersheim, J., Sporrle, M. & Welpe, I. M. (2014): Letting Go of Your Losses, in: Journal of Management and Strategy (4), 1-13

Gevestor.de (2019): 11 wichtige Börsenweisheiten von André Kostolany, online: https://www.gevestor.de/details/die-11-bekanntesten-boersenweisheiten-von-andre-kostolany-761914.html, abgerufen am 03.01.2020

flughafen-berlin-kosten.de (2020): online: https://www.flughafen-berlin-kosten.de/ abgerufen am 23.04.2020

Hansen, P. G. & Jespersen, A. M. (2013): Nudge and the manipulation of choice: A framework for the responsible use of the nudge approach to behaviour change in public policy, in: European Journal of Risk Regulation, 4 (1), 3-28

Hirshleifer, D. (2001): Investor psychology and asset pricing, in: The Journal of Finance, 56 (4), 1533-1597

Homberg, F., Osterloh, M. Fusionen und Übernahmen im Licht der Hybris - Überblick über den Forschungsstand. J Betriebswirtschaft 60, 269–294 (2010). Online unter: https://core.ac.uk/download/pdf/159155115.pdf, abgerufen am 23.8.2020

ISPO (2019): Wingsuit-Piloten und Basejumper: So gefährlich ist ihr Sport. Beitrag vom 23.08.2019, online: https://www.ispo.com/knowhow/id_77066808/wingsuit-piloten-tragische-unfaelle-der-basejumper.html, abgerufen am 19.12.2019

Johnson, D. D. & Fowler, J. H. (2011): The evolution of overconfidence. In: Nature, 477, 317-320.

Kahneman, D. (2003). A Psychological Perspective on Economics, in: American Economic Review 93, 162-168

Kahneman, D. (2014): Schnelles Denken, langsames Denken, München

Kahneman, D. & Tversky, A. (1979): Prospect Theory: An Analysis of Decision under Risk, in: Econometrica. 47 (2), 263

Kruger, J. & Dunning, D. (1999): Unqualifiziert und sich dessen nicht bewusst: Wie Schwierigkeiten beim Erkennen der eigenen Inkompetenz zu überhöhten Selbsteinschätzungen führen, in: Zeitschrift für Persönlichkeits- und Sozialpsychologie, Band 77 (6), 1121-1134

Meszaros, J. R. (1999): Preventive choices: Organizations' heuristics, decision processes and catastrophic risks, in: Journal of Management Studies, 36 (7), 977-998

Myers, D. G. (2005): Psychologie. Ein Lehrbuch, Heidelberg

Pesendorfer, W. (2006): Behavioral economics comes of age: A review essay on advances in behavioral economics, in: Journal of Economic Literature, 44 (3), 712-721

Putnoki, H. (2010): Große Spekulationsblasen und ihre Folgen. Von der Tulpomanie bis zur neuen Weltwirtschaftskrise, Weinheim

Scheinkman, J.A. & Xiong, W. (2003): Overconvidence and Speculative Bubbles, in: Journal of Political Economy, 111 (6), 1183-1220

Selart, M., Kuvaas, B., Boe, O. & Takemura, K. (2006): The influence of decision heuristics and overconfidence on multiattribute choice: A process-tracing study, in: European Journal of Cognitive Psychology, 18 (3), 437-453

Sewell, M. (2007): Behavioural finance, Cambridge, 1-14

Shiller, R. J., (2000): Irrational Exuberance, Princeton

Statista (2020): 60 Jahre am amerikanischen Aktienmarkt, online: https://cdn.statcdn.com/Infographic/images/normal/12832.jpeg, abgerufen am 27.7.2020

Taylor, S. E. & Brown, J. D. (1988): Illusion and Well-Being: A Social Psychological Perspective on Mental Health, in: Psychological Bulletin, 103 (2), 193-210

Thaler, R. H. (1986): The psychology and economics conference handbook: Comments on Simon, on Einhorn and Hogarth, and on Tversky and Kahneman, in: The Journal of Business, 59 (4), 279-284

Thaler, R. H. & Sunstein, C. R. (2011): Nudge – Wie man kluge Entscheidungen anstößt, Berlin

Thorngate, W. (1980): Efficient decision heuristics, in: Behavioral Science, 25 (3), 219-225

Tversky, A. & Kahneman, D. (1989): Rational choice and the framing of decisions, in: Karpak, B. & Zionts, S.: Multiple criteria decision making and risk analysis using microcomputers, Berlin und Heidelberg, 81-126

Tversky, A. & Kahneman, D. (1992): Advances in prospect theory: Cumulative representation of uncertainty, in: Journal of Risk and uncertainty, 5 (4), 297-323

Valentin, L. (1955): Der Vogelmensch, Wiesbaden

II.3 Das Wechselspiel zwischen individueller Perspektive, Referenzpunkt, Verhandlungsgeschick und Zahlungsbereitschaft – Der Besitztums-Effekt

Würden Sie ein Ticket für eine ausverkaufte Veranstaltung auf dem Schwarzmarkt kaufen oder gar verkaufen? Dieses Experiment machten die Verhaltensforscher Carmon und Ariely (2000, S. 360) mit Eintrittskarten für ein begehrtes Basketballspiel an einer amerikanischen Hochschule, bei dem sie sich als fiktive Ticketschwarzhändler ausgaben.

Abb. II.9: Basketballspieler (Quelle: Erik Drost, https://commons.wikimedia.org/wiki/File:Luciano_Gonz%C3%A1lez_(basketball)_(cropped).jpg, abgerufen am 28.10.20, CC BY-SA 2.0-Lizenz)

Leider scheiterte dieses Geschäftsmodell: Während Studenten nur für durchschnittlich 2.400 USD bereit waren, das Ticket abzugeben, wollten Studenten, die ein Ticket suchten, nicht mehr als 170 USD dafür bezahlen.

Folglich bewerten Menschen Ergebnisse oder Situationen in Relation zu individuell unterschiedlichen Referenzpunkten. Es wird ein erheblich höherer Preis für den Verkauf persönlicher Güter gefordert, als sie selbst für diese bereit wären zu zahlen.

Ähnlich leidvolle Erfahrungen machen häufig Ebay-Anbieter in Zeiten des Onlinehandels: Vielfach liegen die bei Privatauktionen realisierten Verkaufspreise deutlich unter den Erwartungen des Anbieters, welcher sich dennoch verpflichtet hat, den Artikel zum ersteigerten Preis abzugeben (Ahlee & Malmendier, 2005).

Die bekannte Nutzenfunktion wird durch eine Wertefunktion ersetzt, die sich dadurch auszeichnet, dass sie konkav für Gewinne und konvex für Verluste ist. Demzufolge werden Gewinne anders bewertet werden als Verluste. Das erklärt, warum Gewinne von Risikobereitschaft und Verluste von Risikoaversion beeinflusst werden (Thaler 1980, S. 41 ff.). In seinen Studien stellte der Nobelpreisträger Richard Thaler fest, dass klare Unterschiede zwischen (An-)Kauf- und Verkaufspreis bestehen. So wird der Verkauf bzw. die Abgabe eines Gutes von der eigenen Ausstattung als Verlust angesehen. Im Umkehrschluss wird der Kauf bzw. Erhalt als Gewinn betrachtet.

Die Verlustaversion (loss aversion), also die Abneigung, etwas zu verlieren, ist die gängigste Erklärung des Endowment-Effekts. In der ökonomischen Literatur hat sich zudem der Einfluss des Ownership, ein psychologischer Erklärungsansatz, manifestiert. Dieser Ansatz besagt, dass Menschen Güter mit sich selbst assoziieren und damit Gefühle des Besitzes verbinden, wodurch sie eher zögerlich sind, Dinge aufzugeben (Morewedge et al., 2009, S. 947 ff.). Thaler (1980, S. 44) beschreibt dies als, »... of the value function im-plies that if out-of-pocket costs are viewed as losses and opportunity costs are viewed as foregone gains, the former will be more heavily weighted: Furthermore, a certain degree of inertia is introduced into the consumer choice process since goods that are included in the individ-ual's endowment will be more highly valued than those not held in the endowment, ceteris paribus.«

Wollen wir Enttäuschungen auf Auktionen vermeiden und die Preisfindung realistisch gestalten, hilft ein Verständnis des sogenannten Besitztums- oder Endowment-Effekts. Auch dieser wurde 1980 erstmals analytisch durch den Verhaltensökonomen Richard Thaler beschrieben.

II.3.1 Psychologie des Besitztums-Effekts

II.3.1.1 Besitztums-Effekt im Kontext der Behavioral Finance

Die Analyse des Besitztums-Effekts stellt ein Teilgebiet der sogenannten Behavioral Finance, der verhaltenspsychologisch fundierten Finanzwirtschaftslehre, dar. Im Unterschied zur neoklassischen Theorie, die von einem rationalen Anleger ausgeht, der systematisch seinen Nutzen optimiert und Risiken begrenzt, anerkennt die Behavioral Finance, dass Anleger nicht immer rational denken, entscheiden und handeln.

Die Behavioral Finance zeigt, dass Menschen vielfach aufgrund von vereinfachenden Annahmen und Faustregeln (Heuristiken) handeln, anstatt die statistisch zu erwartenden Eintrittswahrscheinlichkeiten unterschiedlicher künftiger Situationen bei der Entscheidungsfindung klar zu analysieren. Dabei sind Menschen jedoch häufig überzeugt, systematisch und rational entschieden zu haben (kognitive Verzerrung) (Van Raaij, 2011, S. 280).

Anstatt eine Situation neutral zu beurteilen, lassen sich Menschen von den Rahmenbedingungen leiten, unter denen sich ein Sachverhalt präsentiert. Unsere Lageeinschätzung und Handlungsentscheidung im Hinblick auf eine Investition kann also verschieden ausfallen, abhängig davon, in welcher Situation wir diese Entscheidung treffen und in welchem Gemütszustand wir uns befinden (Framing-Effekt) (Kahneman, 2012, S. 127). Der Effekt kann vereinfachend wie folgt beschrieben werden: »Was ich einmal besitze, gebe ich nicht wieder her!« (Eisenführ & Weber, 1994, S. 328)

Da Marktteilnehmer in der Regel Heuristiken anwenden und dem Framing-Effekt unterliegen, sind Märkte unvollkommen und ineffizient (Kahneman, 2012, S. 130). Vernünftige rationale Entscheidungsoptionen bilden sich vielfach nicht auf dem Markt ab. Vielmehr ist die Preisentwicklung von beispielsweise Aktienkursen durch Hoffnungen auf die zukünftige Entwicklung der Wertpapiere getrieben, nicht durch ihren fundamentalen Wert.

II.3.1.2 Besitztums-Effekt – eine inhaltliche Annäherung

Heuristiken, Framing und begrenzte Rationalität tragen dazu bei, dass der sogenannte Besitztum-Effekt entsteht: Marktteilnehmer schätzen tendenziell ein Gut dann wertvoller ein, wenn sie es bereits besitzen, als wenn sie es erst noch erwerben müssen (Thaler, 1980, 39).

Als Ursache für den Endowment-Effekt wird in der kognitiven Psychologie die Verlustaversion der Wirtschaftssubjekte gesehen. So haben Menschen eine stärkere Tendenz, weitergehende Verluste zu vermeiden, als Gewinne zu realisieren. Dabei wird der Nutzen des geldwerten Ertrags nicht am Einkaufspreis gemessen, so wie dies die Nutzentheorie der Neoklassik postuliert, sondern vielmehr an den Erwartungen darüber, was sich in der Zukunft ereignen könnte. Diese Haltung hat sich evolutionsgeschichtlich bewährt, da die Aufgabe von Sicherheit neue Risiken in der Zukunft beinhaltet und Menschen, die durch Beharrung auf dem Status quo auf Nummer sicher gingen, erfolgreicher überlebt haben (Kahneman & Tversky, 1979, S. 291).

Dies führt dazu, dass die Zahlungsbereitschaft des Käufers vielfach niedriger liegt als der Grenzpreis, zu dem ein Verkäufer bereit ist, ein Gut abzugeben. Dieses Ergebnis widerspricht dem rationalen Kalkül, ein Gut eben zu dem Preis zu veräußern, den man selbst für seinen Erwerb bezahlen würde (Carmon & Ariely, 2000, S. 260). Damit weicht der Endowment-Effekt vom Coase Theorem ab, welches vermutet, dass die Ressourcenallokation unabhängig von der Zuweisung der Verfügungsrechte ist, wenn ein kostenfreier Handel möglich ist (Kahneman et al., 1990, S. 1326).

Der Besitztums-Effekt wurde vielfach in empirischen Untersuchungen mit Konsumenten bestätigt, indem die Grenzpreise von Käufern und Verkäufern für verschiedene Güter ermittelt wurden. So stellt sich auf einem experimentellen Markt für Kaffeetassen nur etwa die Hälfte der Transaktionen ein, die durch das Coase Theorem zum pareto-effizienten Marktgleichgewicht vorhergesagt werden (Fritsch, 2011, S. 118 ff.), da Tasseninhaber, diese nicht zu dem Preisangebot der Nachfrager abgeben möchten (Kahneman et al., 1990, S. 1325).

Der Besitztums-Effekt hat zur Folge, dass die Ausprägung eines markträumenden Preises, zu dem Verkäufer und Käufer zusammenfinden, verhindert wird. Denn der Verkäufer wird das Produkt nicht zum Grenzpreis des Nachfragers abgeben wollen. Folglich erleiden beide Parteien einen Nachteil. Der zahlungswillige Käufer erhält keinen Zuschlag. Der Verkäufer realisiert zum markträumenden Preis keine Umsätze und kann das Gut somit nicht tauschen (Bischoff & Meckl, 2008, S. 1768). Fehleinschätzungen durch Verkäufer und Käufer eines Gutes stellen einen möglichen Erklärungsansatz für die Preisdiskrepanz dar. Eine weitere Annahme beruht darauf, dass Individuen sich bei der Einschätzung des künftigen Nutzens ihres Gutes irren. Der Projection-Bias verstärkt dabei den Besitztums-Effekt, indem der Preis für ein Gut zu hoch angesetzt und damit die Zahlungsbereitschaft eines potentiellen Käufers überschätzt wird.

Folglich können die Erklärungsansätze für den Besitztums-Effekt ganz unterschiedliche Facetten aufweisen:

- **Verlustaversion:** Zurückführbar auf kognitive Prozesse (cognitive bias), einen Fehler im rationalen Denken, wiegt ein Verlust schwerer als ein Gewinn und umschreibt die daraus resultierende Abwehr von Verlusten und dominiert den eigentlich ›rationalen‹ Entscheidungsprozess.
- **Kognitiver Erklärungsansatz:** Die Theorie geht davon aus, dass sich Menschen in Entscheidungssituationen Fragen zu Wahlmöglichkeiten stellen.
- **Affektive Erklärungsansätze:** Versuchspersonen neigen dazu, ein in ihrem Besitz befindliches Produkt zu behalten, d. h. es liegt ein positiver Affekt vor. Darüberhinausgehend lässt sich feststellen, dass bereits eine gute Stimmung oder ein positives Empfinden maßgeblich zum Besitztums-Effekt beiträgt.

Der Besitztums-Effekt als Disparität von möglicher Zahlungsbereitschaft (WTP – willingness to pay) und gefordertem Verkaufspreis (WTA – willingness to accept) findet sich in den unterschiedlichsten Bereichen, so auch im Kontext von Umweltgütern.

In der jüngeren Forschung wird die Existenz des Endowment-Effekts teilweise bezweifelt. So bestätigt sich die Verlustaversion nicht, wenn der Gewinn, der durch eine Transaktion realisiert wird (Mukherjee et al., 2017, S. 81), relativ gering ist. Es wird vermutet, dass mögliche Verluste zwar temporär unsere Aufmerksamkeit beanspruchen und Erregung verursachen, langfristig jedoch das rationale Kalkül dominiert. So nehmen Wirtschaftssubjekte einen aufgrund überhöhter Preisvorstellung verpassten Deal vielfach dennoch im Nachhinein als Enttäuschung wahr (Gill & Prowse, 2012, S. 469).

II.3.1.3 Besitztums-Effekt – eine theoretische Annäherung

Die bisherigen Ausführungen sollten gezeigt haben, dass das Modell des Homo oeconomicus, in dem Menschen sich absolut rational verhalten, zu korrigieren und an lebensweltliche Verhaltensweisen anzupassen ist.

Die traditionelle Nutzentheorie kann Besitztums-Effekte nicht erklären, liegen doch im Falle von zwei Gütern mit identischem Nutzen diese auf einer Indifferenzkurve. Es ist dabei absolut unerheblich, ob sich ein ursprünglich eingestelltes Güterbündel von Punkt A nach Punkt B bewegt (▸ Abb. II.10). Die Indifferenzkurve ist frei von Diskrepanzen zwischen den unterschiedlichen Güterbündeln G1 und G2 (Kreps, 1994, S. 15). »Die Indifferenzkurve ist die Verbindungslinie (der geometrische Ort) solcher Güterkombinationen, die nach Ansicht des Haushaltes densel-ben Nutzen stiften, für ihn gleichwertig (indifferent) sind.« (Woll, 1987, S. 127)

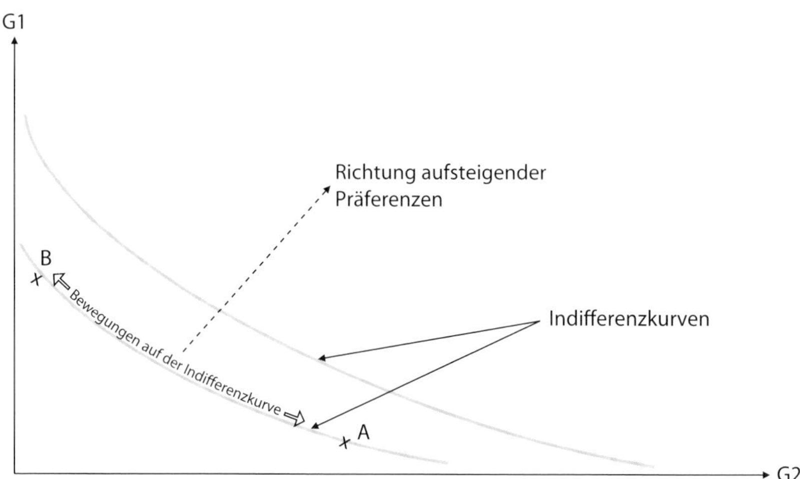

Abb. II.10: Indifferenzkurve mit konsistenter Präferenzordnung

Unter Bezugnahme auf das Experiment mit den Veranstaltungstickets zeigt sich, dass die Preisvorstellung zwischen Käufer (KP) und Verkäufer (VP) nicht übereinstimmen und die Werteinschätzung (Preis) eines Gutes durch den Besitz determiniert wird. Hierzu wird auch der Begriff des Status-quo-Bias herangezogen, der aussagt, dass Dinge so bleiben sollen, wie sie sind (Beck, 2014, S. 163). Es zeigt sich, dass der Besitztums-Effekt in einem engen Verhältnis zum Status-quo-Bias steht und in der Literatur sogar gleichgesetzt wird (Karlen, 2004, S. 27).

Demnach muss der Nutzen – bei traditioneller Betrachtung – als Kombination aus Vermögen (W) und maximalem Kaufpreis (KP) gleich dem Nutzen aus Vermögen und Veranstaltungsticket (VT) sein.

Für den Verkäufer dagegen gilt, dass der Nutzen aus dem Vermögen und Veranstaltungsticket abzüglich des Kaufpreises gleich dem Vermögen ist.

Folglich scheiden bei traditioneller Betrachtungsweise und sicheren Erwartungen Besitztums-Effekte aus, da der Kaufpreis identisch dem Verkaufspreis ist. Die traditionelle Ökonomie betrachtet den Wert des Gutes vollkommen unabhängig von dessen Besitz durch ein Wirtschaftssubjekt.

Experimente zeigten allerdings, dass Menschen ein Gut, das sie besitzen, mehr schätzen, als eines, das noch nicht in ihrem Besitz ist. Die ursprünglich gezeigte Präferenzordnung enthält demnach einen Widerspruch. Indifferenzkurven würden sich demnach schneiden, wie aus Abbildung II.11 ersichtlich. So ist der Besitzer von Gut 1 nicht bereit, sein Gut gegen Gut 2 zu tauschen. Identisches gilt, wenn er im Besitz von Gut 2 ist, auch in diesem Fall ist er nicht zum Tausch bereit. Infolge des Besitztums-Effektes und der damit einhergehenden höheren Bewertung des individuellen Besitzes wird die Indifferenzkurve steiler (► Abb. II.11).

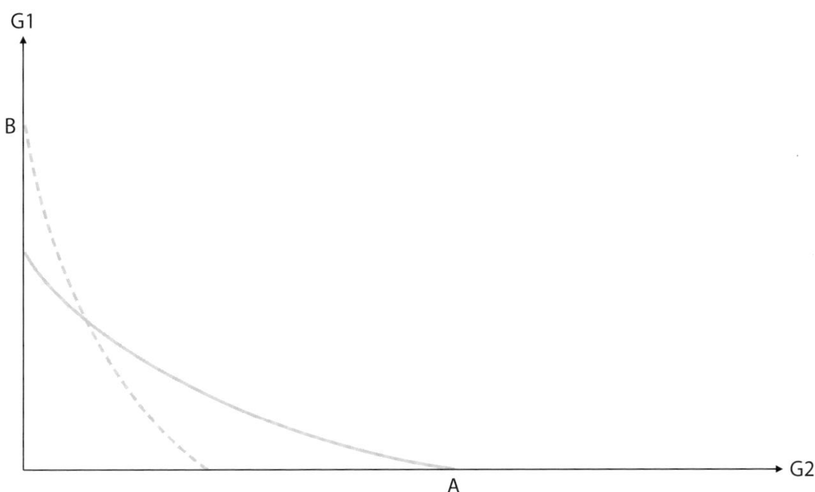

Abb. II.11: Indifferenzkurve mit intransitiver Präferenzordnung

Der Verlust eines Gutes und unterschiedliche Wertansätze lassen sich real beobachten und weichen von der Nutzentheorie ab. Infolgedessen entwickelten sich zahlreiche Ansätze bis hin zur Neuen Erwartungstheorie und deren Erkenntnissen um Gewinne, Verluste und den sog. Referenzpunkt. Alternativen werden nun bezogen auf ihren Referenzpunkt bewertet. Dabei sind Verluste als Abweichungen nach unten und Gewinne als Veränderungen nach oben dargestellt (Becker, 2014, S. 126). Zur Abbildung dieses Risikoverhaltens schlägt die Prospect Theory eine S-förmige Wertfunktion (► Abb. II.12) vor, die am Referenzpunkt einen Knick aufweist und für Gewinne konkav und für Verluste konvex verläuft.

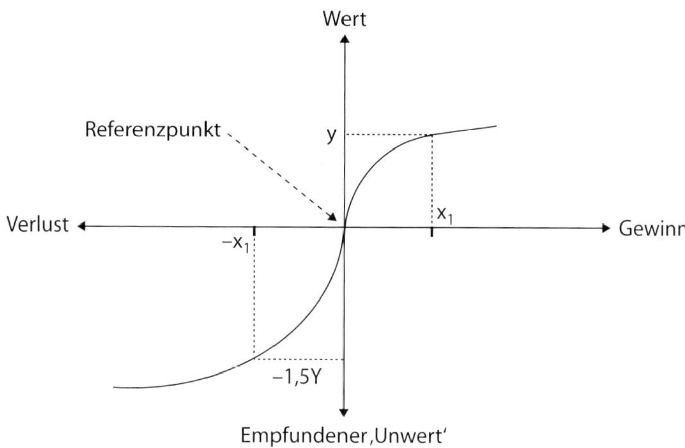

Abb. II.12: Wertfunktion

Der Nutzen einer Handlungsalternative wird ge-messen an der Veränderung zu einem Referenzzustand. Verschlechterungen (Verluste) relativ zum Referenzpunkt werden deutlich stärker empfunden (Verlustaversion) als Verbesserungen (Gewinne). Individuen verhalten sich im Bereich der Verluste risikofreudig, im Gewinnbereich dagegen risikoscheu. Sie bildet dabei nicht das Gesamtvermögen ab, wie vorangehenden Beispiel, sondern die Resultate der Entscheidung bezogen auf den Referenzpunkt. Der Knick am Referenzpunkt bedeutet, dass Menschen sich im Bereich möglicher Gewinne risikoscheu und im Bereich möglicher Verluste jedoch risikogeneigt verhalten.

Eine weitere Eigenschaft der in Abbildung II.11 skizzierten Wertfunktion ist, dass sie im Bereich der Verluste steiler verläuft als im Bereich der Gewinne. Der negative Wert (Unwert) eines Verlustes – X_1 wird deutlich stärker empfunden als der Wert des gleichen Gewinns $+ X_1$. Diese verstärkte Abneigung gegenüber Verlusten wird auch als loss aversion bezeichnet und kann eine Erklärung für den Status-Quo-Bias liefern. Einer menschlichen Neigung, die darauf abstellt, den Ist-Zustand zumindest zu erhalten.

Diese neue Sichtweise der Entscheidungsfindung nicht in Bezug auf das Vermögen, sondern bezogen auf die Abweichung vom Referenzpunkt stellt eine wesentliche Weiterentwicklung gegenüber der traditionellen Theorie dar. Es wird über den konkaven Teil der Funktion eine Erklärung geliefert, warum man bei Gewinnchancen eher das Risiko scheut und im konvexen Teil, als bei drohenden Verlusten verstärkt das Risiko sucht. Damit unterscheidet sich die Nutzenfunktion U(x) gemäß (deskriptiver) Prospect Theory

$$U(x) = \underbrace{\sum_{i=1}^{m} \pi_i^- \cdot v(x_i)}_{\textit{Verluste}} + + \underbrace{\sum_{i=m}^{n} \pi_i^+ \cdot v(x_i)}_{\textit{Gewinne}}$$

(dabei stehen die Wertfunktion v und als von der Eintrittswahrscheinlichkeit abhängige Gewichte) wesentlich von der traditionellen Nutzenfunktion gemäß (normativer) Erwartungsnutzentheorie (Eisenführ & Weber, 1994, S. 203).

$$U(x) = \sum_{i=1}^{n} p_i \cdot \mathrm{u}(x_i)$$

Doch zeigen sich bei dieser theoretischen Annährung auch Schwächen. Strategisch ist der Ansatz eines hohen Verkaufspreises und geringer Zahlungsbereitschaft sicher klug. Experimente zeigen allerdings, dass die Informationen vollkommener werden, der Wettbewerb steigt (vollkommene Konkurrenz) und die Lernbereitschaft der Käufer steigt, so dass die anfängliche Differenz zwischen Verkaufspreis und Kaufpreis abnimmt.

II.3.2 Enttäuschungen vermeiden trotz Besitztums-Effekt

Marktteilnehmer, die sich der Wirkung des Besitztums-Effekts bewusst sind, können dadurch Nachteile vermeiden.

Soll ein fairer Marktpreis ermittelt werden, können Personen, die das Phänomen kennen, einen Gutachter beauftragen, der einen geeigneten Wert schätzt. Bei einem Immobilienverkauf, wo vor allem der Verkäufer aufgrund der Individualität des Objekts, vielfach zu einer starken Überschätzung des eigenen Besitzwertes neigt, können Gutachtergebühren sinnvoll investiert sein (Huck et al., 2005, S. 689). Losgelöst davon wäre ein Auseinandersetzen mit den gängigen Verfahren der Immobilienbewertung möglich, um zu einer realistischen Einschätzung des eigenen Gutes zu gelangen. Es gilt, asymmetrische Informationen abzubauen und die Möglichkeit der adversen Selektion zu berücksichtigen.

Anbieter von Konsumprodukten und Dienstleistungen, wie z. B. Zeitschriftenabonnements oder Börsenbriefen, die den Endowment-Effekt umgehen möchten, bieten Konsumenten vielfach Testzeiträume an, in denen sie das Produkt günstiger oder kostenlos verwenden bzw. wieder zurückgeben können. Damit nutzen sie zunächst die niedrige Grenzzahlungsbereitschaft der Kunden vor dem Kauf, um dennoch zum Vertragsabschluss zu gelangen. Besitzen Kunden das Produkt erst einmal, unterliegen sie dem Endowment-Effekt und möchten dieses nicht mehr abgeben. Sie zahlen dann bereitwillig einen höheren Preis für die Fortsetzung des Service. Kunden bevorzugen stets einen Anfangsrabatt gegenüber einer nachträglichen in Rechnungstellung (Levin et al., 1998, S. 149).

Ähnlich ist auch das Rückgaberecht innerhalb einer gewissen Zeitspanne zu sehen, Auch hier bedient man sich des Besitztums-Effektes, indem Käufern eine Sicherheit geboten wird, das Produkt innerhalb der Frist jederzeit zurückzugeben. Doch ist der Kunde erst einmal in den Genuss des Produktes gekommen, wird er im Normalfall von seinem Rückgaberecht keinen Gebrauch mehr machen, da er die Rückgabe als Verlust empfinden würde.

Doch auch der Käufer einer Ware oder Dienstleistung kann überzogenen Preisvorstellung eines Verkäufers entgegenwirken, etwa über Lerneffekte, die er sich zu Nutze macht.

Auch unser Staat nutzt eben diese Erkenntnis aus dem Besitztums-Effekt im Steuerrecht: So ist die Aversion von Steuerzahlern Geld abzuführen, das sie bereits vereinnahmt haben, höher als das wahrgenommene Leid/ Empfinden, wenn das Geld sich noch nicht auf ihrem Konto befindet. Der Staat erhebt daher mit der Lohnsteuer kontinuierlich Steuervorauszahlungen. Dadurch senkt er die Neigung der Verbraucher zur Steuerhinterziehung (Slemrod, 1982, S. 193).

Auch in der Arbeitswelt lässt sich die Kenntnis des Besitztums-Effekts nutzen: So werden Arbeitnehmer, die den Arbeitsplatz innehaben, diesen als wertvoller einschätzen als einen Arbeitsplatz, über den sie noch nicht verfügen. Für Arbeitgeber ist es dadurch leichter, Mitarbeiter im Unternehmen zu halten als neue zu akquirieren. Personalentwicklung zahlt sich aus (Huck et al., 2005, S. 689).

Die Ausführungen konnten zeigen, dass der Besitztums- oder Endowment-Effekt von der traditionellen ökonomischen Sichtweise abweicht, in der Kauf- und Verkaufspreise identisch sind. Vollkommene Information, wie bspw. an der Börse, Lerneffekte, die sich professionelle Akteure angeeignet haben oder der Einsatz von Beratern können uns allerdings helfen, die lebensweltliche Diskrepanz von Kauf- und Verkaufspreisen zu minimieren und Enttäuschungen zu vermeiden.

II.3.3 Kontrollfragen

1. Erklären Sie, was unter dem ›Besitztums-Effekt‹ verstanden wird.
2. Warum kann die traditionelle ökonomische Theorie den Besitztums-Effekt nicht erklären?
3. Was ist unter einer Wertfunktion zu verstehen?
4. Erklären Sie die Begrifflichkeit Projection-Bias.
5. Erklären Sie mögliche thematische Zusammenhänge mit dem Inhalt des Kapitels und einer Verringerung des Jahresurlaubes.
6. Erklären Sie die Begrifflichkeit Status-quo-Bias.

Literatur zu Kapitel II.3

Ahlee, H. & Malmendier, U. (2005): Do consumers know their willingness to pay? Evidence from eBay auctions, online: http://emlab.berkeley.edu/users/webfac/dellavigna/e218_f05/malmendier.pdf, abgerufen am 2.5.2020

Beck, H. (2014): Behavioral Economics – Eine Einführung, Wiesbaden

Bischoff, I. & Meckl, J. (2008): Endowment effect theory, public goods and welfare, in: The Journal of Socio-Economics, 37 (5), 1768-1774

Carmon, Z. & Ariely, D. (2000): Focusing on the forgone: How value can appear so different to buyers and sellers, in: Journal of consumer research, 27 (3), 360-370

Eisenführ, F. & Weber, M. (1994): Rationales Entscheiden, 2 Auflage, Berlin

Fritsch, M. (2011): Marktversagen und Wirtschaftspolitik, 8. Auflage, München

Gill, D. & Prowse, V. (2012): A structural analysis of disappointment aversion in a real effort competition, in: American Economic Review, 102 (1), 469-503

Huck, S., Kirchsteiger, G. & Oechssler, J. (2005): Learning to like what you have–explaining the endowment effect, in: The Economic Journal, 115 (505), 689-702

Kahneman, D. (2012): Schnelles Denken, langsames Denken, München
Kahneman, D., Knetsch, J. L. & Thaler, R. H. (1990): Experimental Tests of the Endowment Effect and the Coase Theorem, in: Journal of Political Economy, 98 (6), 1325-1348
Karlen, G. (2004): Privatkundenberatung und Behavioral Finance, Publikationen der Swiss Banking School (275), Bern
Kreps, D. (1994): Mikroökonomische Theorie, Landsberg/Lech
Levin, I. P., Schneider, S. L. & Gaeth, G. J. (1998): All frames are not created equal: A typology and critical analysis of framing effects, in: Organizational behavior and human decision processes, 76 (2), 149-188
Mukherjee, S., Sahay, A., Pammi, V. C. & Srinivasan, N. (2017): Is loss-aversion magnitude-dependent? Measuring prospective affective judgments regarding gains and losses, in: Judgment and Decision making, 12 (1), 81-89
Schettkat, R. (1993): Neuere Entwicklungen in der Arbeitsmarkt- und Beschäftigungstheorie, in: Wirtschaftsdienst, 73 (5), 268-276
Slemrod, J. (1982): Down-payment constraints: tax policy effects in a growing economy with rental and owner-occupied housing, in: Public Finance Quarterly, 10 (2), 193-217
Thaler, R. H. (1980): Toward a Positive Theory of Consumer Choice, in: Journal of Economic Behavior and Organization, 1 (1), 39-60
Tversky, A. & Kahneman, D. (1979): Prospect theory: An analysis of decision under risk, in: Econometrica, 47 (2), 263-291
Van Raaij, W. F., van Veldhoven, G. M. & Wärneryd, K. E. (Eds.) (2013): Handbook of economic psychology, Berlin
Woll, A. (1987): Allgemeine Volkswirtschaftslehre, München

II.4 Herdenverhalten und Spekulationsblasen

Fallstudie Wirecard

Mit dem Aufkommen des Internetbooms nach dem Jahr 2000 ergaben sich neue Geschäftsmodelle für nahezu alle Branchen. Auch Anbieter von Finanzdienstleistungen, anfangs hauptsächlich beim Zahlungsverkehr, profitierten von den neuen, digitalen Möglichkeiten. Wirecard, ein deutscher Bezahldienstleister, etablierte sich durch den Aufbau einer digitalen Bezahlinfrastruktur. Onlinehändler und auch einige Discounter in Deutschland wickelten ihre Zahlungsströme mit ihren Kunden im Hintergrund häufig über Wirecard ab. Ein Geschäftsmodell, das tragfähig erschien und mit Blick auf die zunehmende Digitalisierung der Bezahlsysteme (Kartenzahlung, Bezahlung mit dem Smartphone, etc.) brillante Zukunftsaussichten hatte. Wirecard avancierte zum Börsenliebling, stieg im September 2019 in den Deutschen Aktienindex (DAX) auf und bediente die zunehmenden Erwartungen an künftige Renditen zuverlässig mit steigenden Umsätzen und Gewinnen. Ein steigender Aktienkurs war die Folge (▶ Abb. II.13).

Zweifel an den guten Zahlen und den Bilanzierungspraktiken kamen bereits in den Jahren 2008, 2015 und 2016 auf, hatten aber keine nachhaltigen Auswirkungen auf die Kursentwicklung der Aktie. Zudem wurde durch die Wirtschaftsprüfer jeweils ein Testat vergeben. Auch die Regulierungsbehörde sah keine Notwendigkeit zur Intervention bzw. zu Sonderprüfungen. Die Vorwürfe Geschäftszahlen und Bilanzierungspraxis erhärteten sich Anfang 2019, als die Financial Times über mögliche

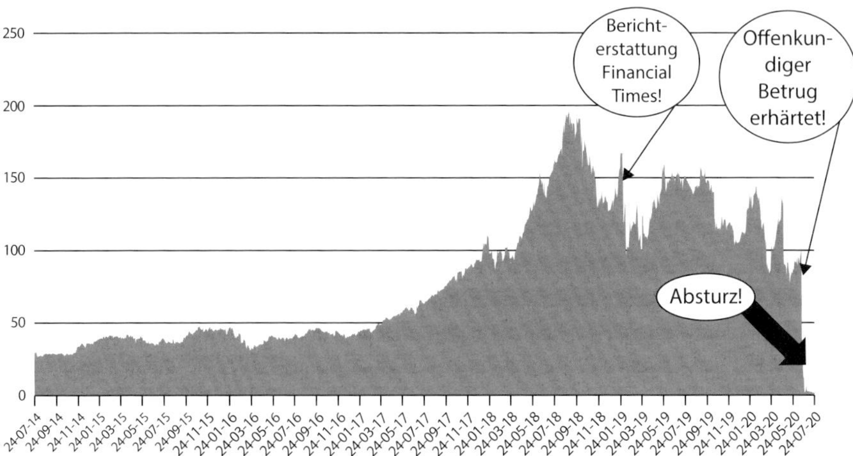

Abb. II.13: Kursverlauf der Wirecard-Aktie im Zeitraum Juli 2014 bis Juli 2020 (Quelle: https://www.finanzen.net/historische-kurse/wirecard, abgerufen am 28.10.20)

gefälschte Zahlen der Wirecard-Niederlassung in Singapur berichtete. Verträge schienen gefälscht und zudem wurde Geldwäsche angenommen (McCrum & Palma, 2019). Der Vorwurf wog schwer und führte dazu, dass der Kurs der Wirecard-Aktie am 30. Januar 2019 von ca. 160 Euro auf ca. 110 Euro einbrach. Das Management von Wirecard beteuerte seine Unschuld und konnte den Markt beruhigen, bei vielen Anlegern kehrte das Vertrauen in die Nachhaltigkeit und in die positiven Zukunftsaussichten zurück. Der Aktienkurs nahm wieder Fahrt auf.

Erneute Anschuldigungen zu den Bilanzierungspraktiken und nicht nachzuvollziehende Umsätze in Singapur in Höhe von ca. 1,9 Mrd. Euro führten dann im Juli 2020 zum endgültigen Absturz des Börsenlieblings vergangener Jahre. Der Traum vom deutschen Global-Player im internationalen Finanztechnologiesektor war geplatzt. Der Aktienkurs stürzte von über 100 Euro Mitte Juni 2020 auf ca. 1,60 Euro Mitte Juli 2020 ab.

Die Ermittlungsbehörden haben seither ihre Untersuchungen aufgenommen, auch die BaFin als zuständige Aufsichtsbehörde gerät verstärkt in den Fokus. Die Politik nimmt sich zudem des Themas an und will entsprechende Gesetzesvorhaben und Neuadjustierungen der Aufsichtspraxis einleiten, um derartige Betrugsfälle zukünftig zu unterbinden (Lienhart, J. & Eisenring, C., 2020).

II.4.1 Die Bedeutung des Preismechanismus

Ein marktwirtschaftliches System kann ohne einen funktionierenden Preismechanismus nicht bestehen. Preise treten in vielfältiger Form auf und finden sich sowohl auf Gütermärkten für Produktionsfaktoren (beispielsweise für die Arbeitskraft in Form von Löhnen), aber auch auf Konsumgütermärkten (beispielsweise für Nahrungsmittel) oder Investitionsgütermärkten (beispielsweise für Maschinen oder Immobilien). Preise treten auf Finanzmärkten mit anderer Bezeichnung auf, hierbei sind Zinsen (Preis für Geld) oder Börsenkurse (Preise für Wertpapiere) von herausragender Bedeutung.

Preise bilden sich größtenteils auf Märkten und werden von Marktteilnehmern (Anbieter und Nachfrager) und deren Transaktionen beeinflusst. Für einen effizienten Markt ist ein funktionierender Preismechanismus unabdingbar, da Preisen im Marktgefüge besondere Funktionen zukommen (Woll, 2003, S. 91 f.):

- **Signalfunktion:** Steigt die Nachfrage nach einem Gut, erhöht sich auch dessen Preis, der Preis wirkt als Knappheitssignal. Die absolute Höhe der Preise ist dabei ebenso von Bedeutung wie die Änderung der Relativpreise (der Preis eines Gutes relativ zu anderen Güter). Ist beispielsweise der Kauf einer Immobilie attraktiv, da die Kreditzinsen niedrig sind und sich viele Privatpersonen günstig von Banken Geld für den Erwerb von Häusern und Wohnungen leisten können, steigt die Nachfrage nach Häusern und Wohnungen und damit auch deren Preis im Verhältnis zu anderen Gütern stärker. Im Gegenzug sinkt vielleicht die Nachfrage nach zinstragenden Wertpapieren.
- **Planabstimmungsfunktion:** Durch den Preismechanismus werden die Pläne von Anbietern und Nachfragern aufeinander abgestimmt, der Preis wirkt als unsichtbare Hand für diesen Abstimmungsprozess. Das betrifft nicht nur die Wünsche (Pläne) von Anbietern und Nachfragern auf eben diesem einen Markt, sondern wirkt auch auf sämtliche Güter- und Dienstleistungsmärkte, die mit diesem Markt in Beziehung stehen. Seit einiger Zeit hat das Absinken der Kreditzinsen deutliche Effekte bei den Immobilienpreisen hervorgebracht, da sich die Kapitalbeschaffung für den Erwerb von Wohnungen und Häusern vergünstigte und damit die Immobiliennachfrage getrieben hat. Steigende Immobilienpreise waren die Folge.
- **Allokationsfunktion:** Der Preismechanismus hat auch eine unmittelbare Auswirkung auf die Verteilung der Produktionsfaktoren. Diese werden automatisch in diejenigen Wirtschaftsbereiche gelenkt, in denen sie die höchste Rentabilität (Gewinn in Bezug zum eingesetzten Kapital) erzielen. Steigen etwa die Immobilienpreise, so besteht ein Anreiz, das Angebot an Immobilien zu erhöhen. Die Bauunternehmen wollen vom Preisanstieg profitieren und weiten die Produktionskapazitäten aus. Um die höhere Nachfrage bedienen zu können, werden mehr Produktionsfaktoren in der Baubranche benötigt: Bauunternehmen fragen am Arbeitsmarkt mehr Arbeitskräfte nach (Produktionsfaktor Arbeit) oder kaufen bei mittelständischen Betrieben mehr Baumaschinen (Produktionsfaktor Kapital). Arbeitskräfte und Baumaschinen gelangen so in den Bausektor, die Verteilung der Ressourcen erfolgt automatisch durch das Preissystem.
- **Zeitüberbrückungsfunktion:** Da die Preise im Zeitverlauf Schwankungen unterliegen, werden Entscheidungen aus der Vergangenheit permanent überprüft und gegebenenfalls korrigiert. Stellt der Erwerber eines Hauses, das er zu Kapitalanlagezwecken gekauft hat, etwa nach zwei Jahren fest, dass der Preis der

von ihm erworbenen Immobilie gestiegen ist, könnte dies für ihn ein Verkaufssignal sein.

- **Verteilungsfunktion**: Eine durch Nachfrageänderungen ausgelöste Preisänderung wirkt sich auch auf die Entlohnung der Produktionsfaktoren aus. Durch den Preisanstieg im Immobilienbereich beispielsweise werden auch die in dieser Branche Beschäftigten (Produktionsfaktor Arbeit) höher entlohnt. Damit verändert sich die Einkommensverteilung zwischen den Branchen einer Volkswirtschaft, was sich wiederum auf die Güterpreise auswirken kann, da die erhöhte Nachfrage nach Gütern durch die Beschäftigten der Baubranche auf die Einkommenssteigerungen zurückgeführt werden kann. Zudem kann sich die Einkommenssteigerung auch positiv auf die Nachfrage nach Finanzdienstleistungen auswirken, da mehr Geld für den Kauf von Kapitalanlagen vorhanden ist.

Aus der Sichtweise der rationalen Lehre des Homo oeconomicus sind Märkte, sofern sie dem Idealtypus der vollkommenen Konkurrenz entsprechen, effizient (► Kap. I.3.1). Die sich bildenden Preise sind in der langen Frist fair und richtig, da

- Abweichungen von den fundamental richtigen Gleichgewichtspreisen allenfalls kurzfristig auftreten können (z. B. durch sogenannte Noise-Trader, die bereits auf Gerüchte reagieren)
- Arbitrageure dafür sorgen, dass Über- und Unterbewertungen der Preise ausgeglichen werden und damit auf mittlere bzw. lange Frist der wahre Gleichgewichtspreis zustande kommt (Barberis & Thaler, 2002, S. 2 ff.).

Irrationales Verhalten kann es nach dieser Auffassung demnach nur kurzfristig geben, da fundierte Informationen, die den Märkten zur Verfügung stehen, sofort eingepreist werden. Arbitrageure stellen sicher, dass Abweichungen von den fundamental gerechtfertigten Preisen/ Kursen durch entsprechende Gegengeschäfte beseitigt werden.

Arbitrage wird im engeren Sinne als Differenzarbitrage (Spread) verstanden, »d. h. der während eines Börsentermins möglichst gleichzeitig erfolgende billigere Kauf und teurere Verkauf der gleichen Menge des homogenen Gutes auf dem einen bzw. auf dem anderen Teilmarkt.« (Trautmann, 2007, S. 7)

Aktien etwa sind homogene Güter, die an zwei oder mehreren Börsen gleichzeitig, aber räumlich getrennt voneinander gehandelt werden können. Nun ist die Arbitrage aus der Theorie in der Realität kein Allheilmittel, um Märkte zu disziplinieren und stets für faire Gleichgewichtspreise zu sorgen. Denn auch die Arbitrage funktioniert nur unter bestimmten Idealvoraussetzungen und stößt bisweilen an Grenzen (Limits of Arbitrage). Beispielsweise stellen Arbitragerisiken (fundamentales Risiko; Noise-

Trader-Risiko; Zeitrisiko) oder Arbitragekosten (Transaktionskosten; Kosten für die Wertpapierleihe) Hemmnisse dar, die einem sofortigen Ausgleich von Preisverwerfungen entgegenstehen (Daxhammer & Facsar, 2017, S. 23 ff.). Empirische Überprüfungen zeigen, dass es diese Grenzen der Arbitrage gibt und der Ausgleich der Preise nicht immer funktioniert (Chen, Da & Huang, 2019, S. 1642).

So können auch gesetzliche Bestimmungen die Arbitragemöglichkeiten einschränken (z. B. das Verbot von Leerverkäufen durch die BaFin nach Ausbruch der Finanzkrise 2008/09, um Preisschwankungen zu verhindern) oder auf einigen Märkten sind einfach keine Arbitrageprodukte vorhanden. Leerverkäufe von Anlageprodukten können etwa eingesetzt werden, um unterschiedliche Preiserwartungen räumlicher und zeitlicher Art von Marktteilnehmern abzubilden. Wenn ein Investor erwartet, dass ein Vermögensgegenstand heute überbewertet ist, kann er diesen bereits zum heute vereinbarten Preis in der Zukunft verkaufen. Sinkt der Preis wie erwartet, kann der Vermögensgegenstand zum Verkaufszeitpunkt günstiger erworben und zeitgleich zum vereinbarten Verkaufspreis aus der Vergangenheit veräußert werden. Dann wäre ein Arbitragegewinn entstanden. Dieses Vorgehen funktioniert auch auf liquiden Märkten, sofern die entsprechenden Finanzprodukte (Derivate) vorhanden sind. Der Leerverkauf, beispielsweise einer Immobilie, ist nicht möglich und dies verdeutlicht, dass diese Art der Arbitrage nicht auf allen Vermögensanlagemärkten funktionieren kann und damit nicht zum Ausgleich über- oder unterbewerteter Assets führt.

Damit werden auch die Grenzen des Preisbildungsprozesses deutlich. Effizienz und Rationalität sind kein Automatismus, der sich stets und unmittelbar durch die Marktkräfte ergibt. Am Beispiel Wirecard kann man dies nachvollziehen. Auf den bekannten Makroökonomen John Maynard Keynes (1883-1946) ist das Bonmot zurückzuführen, dass Märkte länger irrational sein können, als man selbst liquide ist.

II.4.2 Die Massenpsychologie als Grundlage des Anlegerverhaltens

Entwicklungen an den Märkten werden zu einem großen Teil vom Verhalten ganzer Gruppen an Marktteilnehmern bestimmt. Mengen und Preise werden stark von Meinungen, Geschichten und sozialen Effekten beeinflusst (Shiller & Akerlof, 2009). Wesentlich für Massenphänomene an Märkten sind Suggestivität, Verfügbarkeit, Hysterie, Irrationalität und Anonymität der Teilnehmer (Kitzmann, 2009, S. 25).

Die Arbeit von Gustave Le Bon über die »Psychologie der Massen« (1982) bildet den Ausgangspunkt für das Verständnis von Gruppen und kann auch auf Marktteilnehmer übertragen werden. Demzufolge entwickeln Gruppen von Menschen (Massen) eine Kollektivseele, es entsteht eine Verbundenheit der Masse, Einzelinteressen werden vom Gesamtinteresse infiziert und es kommt zu emotionaler Ansteckung auf Basis von Feedback-Theorien. Einfache Gefühle herrschen vor (Impulsivität und Reizbarkeit) und die Meinungsbildung erfolgt auf Basis einzelner Gerüchte bzw. Vermutungen.

Bezogen auf die Finanzmärkte kann festgestellt werden, dass irrationale Verhaltensweisen bisweilen wellenförmig auftreten, über längere Zeiträume andauern und letztendlich zu Krisen führen können. Massenphänomene und die damit verbundenen Emotionen zeigen sich besonders deutlich beim Platzen von Spekulations- bzw. Preisblasen: Panik an den Märkten sorgt dafür, dass Verkäufe zu jedem Preis getätigt werden (siehe etwa der Kursabsturz bei Wirecard). Ein derartiges Herdenverhalten kann immer wieder auf verschiedenen Märkten beobachtet werden, wenn etwa Wellen irrationaler Gefühle in Zeiten zu optimistischer oder zu pessimistischer Erwartungen die Asset-Preise beeinflussen (Zouaoui, Nouyrigat & Beer, 2011, S. 745).

Herdenverhalten kann immer wieder auf unterschiedlichen Märkten in verschiedenen Ländern sowohl bei steigenden als auch bei sinkenden Märkten nachgewiesen werden (Chen, 2013, S. 238). Für das Herdenverhalten auf Finanzmärkten, das emotional determiniert ist, können vier Hauptbegründungsmuster/ Grundlagen aufgeführt werden (Daxhammer & Facsar, 2018, S. 105):

- **Informationskaskaden**: Marktteilnehmer übernehmen die Meinung der Masse und ignorieren ihre eigenen Informationen.
- **Informationsquelle**: Kapitalanleger greifen auf Informationsquellen zu, von denen sie glauben, dass die übrigen Marktteilnehmer diese auch nutzen.
- **Historische Marktbewegungen**: Kapitalanleger analysieren historische Marktpreise und gehen davon aus, dass andere Marktteilnehmer sich auch an historischen Marktbewegungen orientieren. De facto handelt es sich dabei um eine Form der Ankerheuristik. Gängig ist dieses Vorgehen in der technischen Analyse.
- **Reputation**: Dieses Begründungsmuster folgt dem Sicherheitsempfinden gerade bei Portfoliomanagern, die unter öffentlicher Beobachtung stehen. Es kann Sinn machen, der Meinung der Masse zu folgen, denn eine Normabweichung durch die eigene Meinungsbildung kann stellenweise schwierig sein. Lieber dem Mainstream folgen, als seinen Ruf durch eine eigene Meinung ›aufs Spiel setzen‹.

Meinungen und Gefühle anderer dienen der Orientierung und haben große Bedeutung bei der Entscheidungsfindung von Menschen. So orientieren sich Menschen häufig an Entscheidungen anderer und wenden das Prinzip der sozialen Bewährtheit an. Das bedeutet, dass Menschen sich bei ihren Entscheidungen, oft daran orientieren, was andere für richtig halten. »Wir betrachten ein Verhalten in einer gegebenen Situation in dem Maß als richtig, in dem wir dieses Verhalten bei anderen beobachten.« (Cialdini, 2013, S. 165)

Auch an organisierten Märkten (an der Börse) finden Gefühle verstärkt Berücksichtigung. Die Börse Stuttgart veröffentlicht börsentäglich auf ihrer Homepage den Euwax Sentiment Index (► Abb. II.14), der die Einschätzung der Marktteilnehmer bzgl. der künftigen Entwicklung des DAX abbildet. Dadurch soll ermöglicht werden, dass die eigene Marktmeinung mit der Masse verglichen werden kann (Börse Stuttgart, 2020).

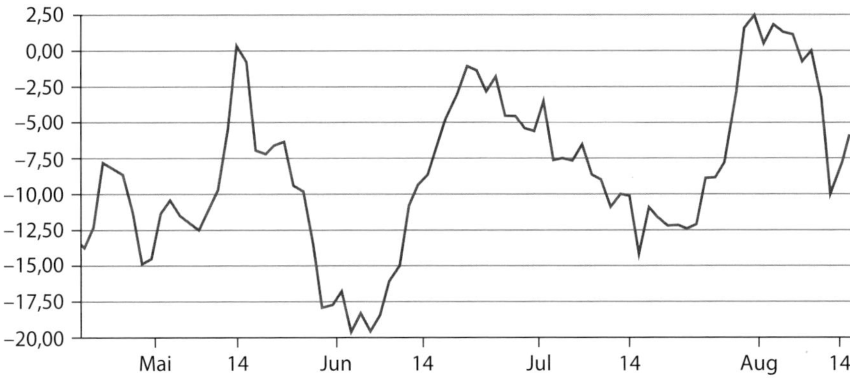

Abb. II.14: Euwax-Sentiment (Quelle: https://www.boerse-stuttgart.de/de-de/tools/euwax-sentiment/, Abruf 17.08.2020)

II.4.3 Informationen und Viralität

Den Finanzmärkten und ihren Funktionen kommt im Finanzgeschehen eine besondere Bedeutung zu. Neben der Kapitalallokation (Kapital fließt in die Anlagearten und Sektoren, in denen sie die höchste Rendite erzielen) und dem Risikotransfer (so wird durch die Ausgabe von Aktien das Finanzierungsrisiko des Unternehmens auf die Anleger, die die Aktien kaufen, übertragen) kommt der Informationsfunktion eine besondere Bedeutung zu. »Die Preise in Finanzmärkten (z. B. an der Börse) fassen zusammen, wie diejenigen, die an den Finanzmärkten aktiv teilnehmen, diese wirtschaftliche Zukunft in ihrer Mehrheit zusammenfassen.« (Spremann & Gantenbein, 2019, S. 37)

Steigt der Kurs, sind die Zukunftsaussichten mehrheitlich positiv, bei Kursrückgängen schätzen die Marktteilnehmer die künftige Entwicklung des Unternehmens negativ ein. Eine vollständig übereinstimmende Einschätzung der künftigen Entwicklung durch alle Marktteilnehmer ist nahezu ausgeschlossen, da sonst keine Kurse zustande kämen. Eine Preis- bzw. Kursfindung bedingt, dass es Käufer (positive Zukunftseinschätzung) und Verkäufer (negative Zukunftseinschätzung) gibt.

Preise bzw. Kurse fassen die im Markt befindlichen Informationen (und Stimmungen) zusammen und erzeugen damit selbst wieder Informationen. Diese Informationserzeugung bezüglich der allgemeinen Einschätzung der wirtschaftlichen Aussichten ist bei funktionierenden Märkten effizient (Informationseffizienz), wie Eugene Fama bereits 1970 feststellte: »A market in which prices always »fully reflect« available information is called »efficiet«.« (Fama, 1970, S. 383)

Diese grundlegende Erkenntnis über die Informationseffizienz ist eine wesentliche Basis für die moderne Kapitalmarkttheorie. Die Effizienz beinhaltet, dass die für die Marktteilnehmer relevanten Informationen vollständig und unverzüglich in die Kurse eingepreist werden. Dies ist zudem unabhängig davon, ob eine

- schwache Form (vergangene Kursverläufe sind im aktuellen Kurs enthalten),
- mittelstrenge Form (neben den vergangenen Kursverläufen sind auch alle der Öffentlichkeit zugänglichen Unternehmensinformationen im Kursverlauf enthalten) oder
- strenge Form (neben den vergangenen Kursverläufen und alle der Öffentlichkeit zugänglichen Unternehmensinformationen sind auch Insiderinformationen im Kursverlauf enthalten) der Informationseffizienz

vorliegt.

Da die Berücksichtigung aller relevanten Informationen sofort (also unverzüglich) erfolgt, besteht laut Fama keine Möglichkeit, auf Dauer eine Überrendite zu erzielen und den Markt zu schlagen (Fama, 1970, S. 414).

Die Grundthesen von Fama werden von Vertretern der Behavioral Finance kritisch gesehen, zumal die Informationseffizienz einen vollkommenen Kapitalmarkt voraussetzt, der folgende Eigenschaften aufweist:

- Weder Transaktionskosten noch Steuern sind vorhanden,
- alle Marktteilnehmer verfügen zeitgleich über die gleichen Informationen,
- die Informationsbeschaffung ist mit keinen Kosten für die Marktteilnehmer verbunden,
- alle Marktteilnehmer verhalten sich rational und haben homogene Erwartungen,
- ein Markteintritt oder Marktaustritt ist für alle Marktteilnehmer jederzeit ohne Restriktionen möglich (Fama, 1970, S. 387 f.).

Bereits diese Voraussetzungen des vollkommenen Kapitalmarktes weisen eine Realitätsferne auf. Zudem können Preis-Story-Preis-Mechanismen dazu führen, dass die Preise/ Kurse von Vermögensgegenständen auch über die kurze Frist hinaus nicht fundamental gerechtfertigt sein müssen (▶ Kap. II.4.4).

Im Informationszeitalter kommt der medialen Verbreitung von Nachrichten bzw. Informationen große Bedeutung zu. Kurzfristige Urteilstendenzen, Emotionen und Motive, Wissen und Kognition werden durch die Informationsverbreitung der Massenmedien beeinflusst. Mancher Inhalt (Ideen, Nachrichten, Informationen) hat das Potenzial viraler Verbreitung und beeinflusst damit die Massen. Der amerikanische Wirtschaftswissenschaftler Jonah Berger (2013, S. 27 ff.) beschreibt mit dem STEPPS-Konzept sechs Prinzipien, um die Viralität von Informationen zu erklären:

- **Social Currency**: Informationen sind eine soziale Währung, mithilfe derer sich Individuen erfolgreich und positiv darstellen wollen. Statussymbole, als Ausdruck finanziellen Erfolgs, werden hierfür verwendet und auf Facebook, Instagram oder sonstigen sozialen Medien gepostet.
- **Trigger**: Informationen in Form von guten Geschichten enthalten Auslöser (sogenannte Trigger), mittels derer Menschen auf bestimmte Produkte konditioniert werden sollen. Der Slogan ›Have a break, have a Kitkat‹ verbindet die Kaffeepause

mit dem Schokoriegel, um jedesmal, wenn eine Kaffeepause ansteht, die Verbindung zum Produkt herzustellen.

- **Emotional**: Informationen (Produkte, Ideen) sollten emotional sein, damit der Inhalt von vielen Usern geteilt wird. Sehr geeignet hierfür sind starke Emotionen wie Angst, Liebe oder Hass wobei darauf geachtet werden muss, dass die transportierten Informationen keine Emotionen hervorrufen, die nicht gewünscht sind (wie z. B. Trauer, Ekel oder Abscheu).
- **Public**: Produkte oder Dienstleistungen müssen gut sichtbar sein, damit sie Interesse wecken und zum Kaufen anregen. Das IT-Unternehmen Apple schafft dies über das Design des Logos und dessen Präsentation. Bei einem aufgeklappten Notebook ist das Logo des angebissenen Apfels von anderen sich im Raum befindenden Personen gut zu sehen. Zudem ist der sichtbare Gebrauch von Produkten von vielen Menschen im Freundes- oder Familienkreis geeignet, das eigene Kaufverhalten zu beeinflussen. Menschen orientieren sich am Verhalten anderer Menschen.
- **Practical Value**: Produkte und Dienstleistungen müssen einen praktischen Nutzen aufweisen, damit sich automatisch durch Mundpropaganda die Kauffrequenz oder die Frequenz ihrer Inanspruchnahme erhöht. Eine Finanzberatung, die z. B. Einsparpotenziale bei Versicherungsverträgen gebracht hat, wird gerne weiterempfohlen. Finanzberater arbeiten daher mit Empfehlungsmarketing.
- **Stories**: Informationen müssen in gute Geschichten verpackt sein, denn das menschliche Gehirn liebt Geschichten. Stories beeinflussen das menschliche Verhalten, insbesondere Erfolgsgeschichten, sofern diese auch unmittelbar mit dem Produkt oder der Dienstleistung verbunden werden können.

Im medialen Zeitalter, wenn zudem durch das Internet Informationen nahezu in Echtzeit und ohne große Kosten transportiert werden können, wird die Bedeutung von News und Stories deutlich. Beispielsweise können Verfügbarkeit (auch Gerüchte sind schnell verfügbar), Wahrnehmung (die Präsentation von Informationen hat Einfluss auf ihre Viralität) und Repräsentativität (ausgewählte Newsletter und Informationsplattformen nehmen Einfluss auf die Bewertung der Wahrscheinlichkeit) eine zentrale Rolle bei der Bewertung von Aktienkursen einnehmen. Hinzu kommt, dass effiziente Märkte auf eine permanente Informationsversorgung angewiesen sind und gesetzliche Bestimmungen (Ad-hoc-Meldungen von börsennotierten Unternehmen) diesem Aspekt Rechnung tragen.

II.4.4 Arten und Muster von Spekulationsblasen

Preisen und Kursen kommt aufgrund der in Kapitel II.4.1 erläuterten Funktionen eine besondere Bedeutung zu. In der älteren und jüngeren Vergangenheit finden sich Marktkonstellationen (Marktanomalien), bei denen sich die Preise einzelner Anlagegüter bzw. -klassen eben nicht auf einem fundamental gerechtfertigten Niveau befanden und Spekulationsblasen entstanden.

Von **Spekulationsblasen** spricht man dann, wenn die Preise für Güter/ Vermögensgegenstände den inneren Wert (deutlich) übersteigen. Preisblasen entstehen, wenn »viele Marktteilnehmer, statt auf der Grundlage von Bewegungen bei den fundamentalen Faktoren rational zu handeln, von Wellen der Marktpsychologie mitgerissen werden, sich zu diversen Irrationalitäten verleiten lassen oder sich mit technischem Handel befassen, der auf Diagrammen über Kursbewegungen beruht.« (Frydman & Goldberg, 2012, S. 26)

Die Tulpenmanie in den Niederlanden (1634-1637) zählt zu den bekanntesten Beispielen einer Spekulationsblase. Tulpenzwiebeln, die in den Gärten des gehobenen, gebildeten Bürgertums kultiviert wurden, avancierten zu einem Anlagegut. Die Liebhaberei für Tulpenzwiebeln führte dazu, dass Spekulanten angezogen wurden und zwischen November 1636 und Januar 1637 die Preise für Tulpenzwiebeln einen starken Anstieg verzeichneten. In Spitzenzeiten der Spekulation erzielten Tulpenzwiebeln bestimmter Sorten Preise, die dem Gegenwert eines Hauses entsprachen. Im Februar 1637 kollabierte der Markt für Tulpenzwiebeln und die Preise erreichten nicht einmal 10 % der Höchstpreise (Garber, 1990, S. 37).

Als weitere, bekannte Spekulationsblasen seien an dieser Stelle die »Mississippi-Spekulationsblase« (die erste Spekulationsblase, die auf der Ausgabe von ungedecktem Papiergeld fußte) und die »Südsee-Spekulationsblase« (Auslöser des Börsenbooms waren die enormen Renditeerwartungen der Anleger, die sich aus dem aufkommenden Handel mit exotischen Produkten aus der Südsee ergaben) aus dem 18. Jahrhundert genannt. Nähere Ausführungen hierzu finden sich etwa bei Garber (1990, S. 40 ff.). Aus der jüngeren Vergangenheit sind insbesondere die dotcom-Spekulationsblase (aus dem Jahr 2000) und die Immobilienkrise aus 2007/08 zu erwähnen (▶ Kap. II.2.3). Die Dotcom-Blase gründete sich auf den Renditeerwartungen von Investoren, die mit dem Aufkommen des Internets für neue Geschäftsideen verbunden war. Die Immobilienkrise 2007/2008 ist insbesondere mit der enormen Kreditschaffung zur Finanzierung des Immobilienmarktes und der zusätzlich geschaffenen komplexen Finanzprodukte verbunden.

Als wesentliche Ursache für das Entstehen von Spekulationsblasen kann angeführt werden, dass in Boomphasen (Euphorie) kritische Stimmen von Analysten und Anlagemanagern nicht vorzufinden sind oder nicht gehört werden wollen (Kitzmann, 2009, S. 12).

Die Blasenbildung geht folglich häufig mit übertriebenen Renditeerwartungen, hoher medialer Berichterstattung und abnehmender Rationalität sowie einer Fehlgewichtung fundamentaler Daten einher. Auch handelt es sich um ein Phänomen der Herdenbildung (massenpsychologisches Phänomen) und findet seine Begründung zudem in Feedback-Theorien (positive Erfahrungen mit den Wertsteigerungen werden als Bestätigung für weitere Investitionen gesehen, die wiederum die Preise steigen lassen, etc.). Damit gerät die Effizienzmarkttheorie als Erklärungsmuster für das Verhalten der Marktakteure an ihre Grenzen.

Nicht alle Spekulationsblasen gleichen einander, dennoch können vier wesentliche Blasenarten identifiziert werden (Montier, 2010, S. 782 ff.), anhand derer sich die jeweiligen Ursachen strukturieren lassen (► Abb. II.15).

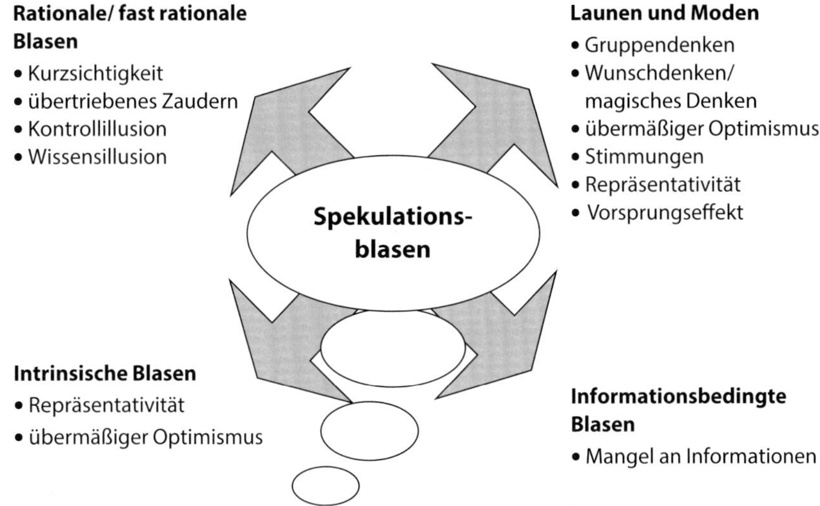

Abb. II.15: Arten von Spekulationsblasen (Quelle: In Anlehnung an Montier, 2010, S. 782 ff.)

- **(Fast) Rationale Blasen** haben allenfalls in der kurzen Frist Bestand. Es wird davon ausgegangen, dass der Kurs eines Wertpapiers (Aktie) von den erwarteten Fundamentaldaten für die Folgeperiode und dem erwarteten Wert, zu dem, basierend auf den heute vorliegenden Informationen, das Wertpapier in der Folgeperiode verkauft werden kann, abhängt. Damit ist den Anlegern bewusst, dass das Kursniveau übertrieben sein kann und eine gewisse Wahrscheinlichkeit besteht, dass die Blase platzt. Je länger die Kurssteigerungen andauern (also die Blase sich aufbläht), desto höher ist die Wahrscheinlichkeit, dass die Spekulationsblase in sich zusammenbricht. Es kann also rational sein, sich an dieser irrationalen Preisblase zu beteiligen und darauf zu hoffen, nach dem eigenen Kauf eines Wertpapiers einen Käufer zu finden, der bereit ist, einen noch höheren Preis zu bezahlen. Damit werden rationale Blasen auch als »Markt des größeren Narren« bezeichnet (Montier, 2010, S. 784; Daxhammer & Facsar, 2018, S. 117). Bei derartigen Blasen kann es passieren, dass mit dem Verkauf zu lange gewartet wird, da die Dauer der Spekulation nicht richtig eingeschätzt werden kann (übertriebenes Zaudern, da noch höhere Kurssteigerungen erzielt werden wollen). Dieses Verhalten korrespondiert mit dem Bias der Kontrollillusion.
- **Intrinsische Blasen** weisen ein verzerrtes Verhältnis zwischen Fundamentaldaten und Spekulationsblase auf. Bei dieser Form der Blasen reagieren die Investoren übertrieben auf neue Nachrichten, was sich in den Preisen widerspiegelt. So werden

die Hochs aus der Vergangenheit auf die Zukunft übertragen und bei der Beurteilung der Kursentwicklung stärker gewichtet als ihre statistische Wahrscheinlichkeit rechtfertigt (Montier, 2010, S. 787). Damit ist die Repräsentativität für bestimmte Ereignisse gestört, Investoren neigen zu einem übermäßigen Optimismus durch die Übertragung der vergangenen positiven Entwicklung auf die Zukunft.

- Spekulationsblasen von der Art **Launen und Moden** finden sich insbesondere in Phasen der Euphorie. Diese Art der Blasen können auf sozialpsychologische Faktoren zurückgeführt werden (Daxhammer & Facsar, 2018, S. 118). Das Gruppenverhalten von Marktteilnehmern ist ein prägendes Motiv. Ein neues Zeitalter erfordert beispielsweise auch neue Bewertungsansätze, bisheriges Wissen hat nicht mehr den Stellenwert, der ihm bisher beigemessen wurde. Übermäßiger Optimismus bis hin zur Overconfidence (▶ Kap. II.2.1), aber auch eine Überschätzung von Renditemöglichkeiten bei gleichzeitiger Unterschätzung der Risiken, kennzeichnen diese Blasenart.
- **Informationsbedingte Blasen** können entstehen, wenn Quantität und Qualität der verfügbaren Informationen für eine fundierte Preisbewertung nicht ausreichen. Damit enthalten die Preise (Kurse) nicht alle Informationen und der fundamentale Wert wird nicht durch den Marktpreis abgebildet. Es besteht die Tendenz, dass Investoren sich mangels eigener oder besserer Informationen am Verhalten anderer Marktteilnehmer ausrichten. Derartige Marktzustände sind sehr fragil (Montier, 2010, S. 789 f.).

Kindleberger und Minsky beschrieben das grundlegende Muster, dem Preisblasen folgen (Kindleberger, 1978 und Minsky, 1982). Allgemein lassen sich fünf Phasen identifizieren, die spekulative Preisbildungen (Preisblasen) durchlaufen (▶ Abb. II.16).

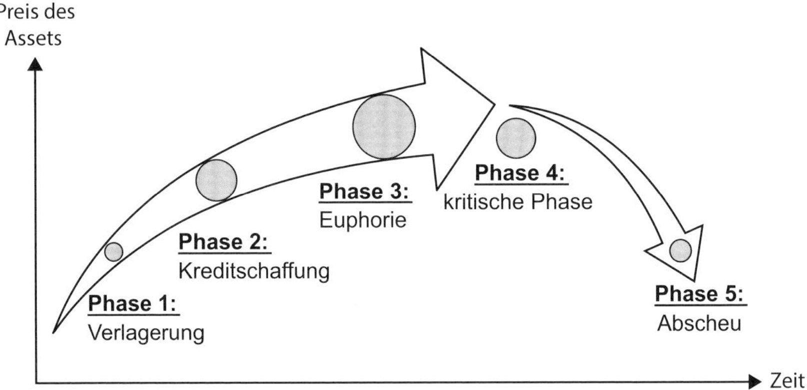

Abb. II.16: Fünf-Phasenmodell von Spekulationsblasen (Quelle: In Anlehnung an Kindleberger, 1978 und Minsky, 1982)

Phase 1

Den Ausgangspunkt für die Entstehung einer Blase bildet die **Verlagerung**, d. h., dass ein exogener Schock dazu führt, dass sich die Gewinn- bzw. Renditechancen zwischen den Wirtschaftssektoren verschieben. Profitchancen entstehen in einigen Wirtschaftssektoren, in anderen verschwinden sie (Montier, 2010, S. 729). In der jüngeren Vergangenheit war etwa das Aufkommen des Internets ein solcher exogener Schock. Dadurch ergaben sich sowohl neuartige Möglichkeiten für die Produktion, den Vertrieb oder allgemein für neue, digitale Geschäftsmodelle von Unternehmen, als auch für die Lebensweise von Privatpersonen (z. B. Einkaufen im Internet, Kommunikationsplattformen, etc.).

Phase 2

Neben den exogenen Faktoren sorgt auch der endogene Faktor der **Kreditschaffung** dafür, dass sich der begonnene Boom festigt. Die Chancen, die sich für die realen Wirtschaftsbereiche ergeben, werden auch durch den monetären Sektor gestützt. Durch die Ausweitung der Kreditvolumina, die für die Finanzierung der Boom-Sektoren geschaffen werden, kommt es zur monetären Expansion. Notenbanken und der private Bankensektor, im Falle der jüngsten Immobilienkrise auch das Schattenbankensystem mit der Schaffung komplexer Finanzprodukte, die das Kreditvolumen zusätzlich erhöhten, weiten die Geldversorgung aus. Unter Schattenbanken werden Finanzunternehmen verstanden, »die außerhalb des regulären Bankensystems operieren und eine der folgenden Tätigkeiten ausüben:

- Entgegennahme von Geldern mit einlageähnlichen Merkmalen,
- Durchführung von Fristen- und/oder Liquiditätstransformation,
- Kreditrisikotransfer und
- Einsatz direkter oder indirekter finanzieller Hebeleffekte.« (Europäische Kommission, 2012, S. 4)

Schattenbanken haben Einfluss auf die Geldversorgung einer Volkswirtschaft, da sie für Nichtbanken zu einer bedeutenden Finanzierungsquelle werden können und hierfür Verbriefungen, Wertpapierleih- und Pensionsgeschäfte einsetzen. (Europäische Kommission, 2012, S. 4)

Zusätzliches Geld führt zu einem Anstieg der Nachfrage nach denjenigen Assets, die von der Verlagerung profitieren, was wiederum zu einer Steigerung der Preise (Kurse) führt. Eine positive Feedbackschleife treibt die Preise (Kurse), neue Investitionen führen zu Steigerungen der Einkommen, dies löst weitere Investitionen aus (Montier, 2010, S. 730). Die Preissteigerungen werden zusätzlich durch die soziale Ansteckung (Boom-Denken in der Gesellschaft) angetrieben (Daxhammer & Fascar, 2018, S. 111).

Phase 3

In der dritten Phase (**Euphorie**) nimmt das Ausmaß der Spekulation zu. Durch ein Übergewicht der positiven Nachrichten und ein Zurückdrängen bzw. die Nichtbeachtung kritischer Meinungen, kommt es zu einer weiter stark steigenden Nachfrage nach den renditeträchtigen Assets. In dieser Phase überwiegt häufig der Glaube an ein neues Zeitalter. Dies kommt auch dadurch zum Ausdruck, dass bisher verwendete Bewertungsmaßstäbe zugunsten neuer Ansätze zurückgedrängt werden. Anfang der 2000er Jahre wurde etwa häufig das bis dato zur Unternehmensbewertung herangezogene **Kurs-Gewinn-Verhältnis (KGV)** durch das Kurs-Umsatz-Verhältnis (KUV) ersetzt (Daxhammer & Facsar, 2018, S. 112). »Mit dem KGV wird der relative Preis einer Aktie ausgedrückt. Je größer das Verhältnis zwischen Kurs und Gewinn, desto teurer ist die Aktie.« (Krause, 2016, S. 136) Einerseits waren die KGV der bewerteten Unternehmen extrem hoch ausgefallen, was im Vergleich bisheriger Werte einfach nicht zu rechtfertigen war. Andererseits waren bei den durch die Verlagerung neu gegründeten Unternehmen einfach noch keine Gewinne vorhanden.

Phase 4

In der **kritischen Phase** beginnen erste Insider aus dem Markt auszusteigen und verkaufen ihre Assets. Zudem findet ein Umdenken statt und die Verschuldung von Unternehmen und der Gesamtgesellschaft, als Folge der Kreditschaffung aus Phase 2, wird realisiert. Durch den Verkauf der Assets wird die Präferenz für Liquidität deutlich. Die Präferenz für Liquidität wird zudem dadurch noch verstärkt, dass es zu ersten Aufdeckungen von Betrugsfällen kommt. Beispielhaft sei auf die Bilanzfälschungsskandale der Unternehmen Enron und Worlscom aus dem Jahr 2001 in den USA verwiesen (Daxhammer & Fascar, 2018, S. 112). Der zunehmende Verkaufsdruck beendet zudem die Phase steigender Preise/ Kurse.

Phase 5

Abscheu kennzeichnet die letzte Phase des Blasen-Zyklus, hier bricht auch vermehrt Panik an den Börsen aus. Verkaufswellen lösen Kurseinbrüche aus, die ihrerseits eine Verkaufswelle bewirken und eine negative Feedback-Schleife ist die Folge. Marktteilnehmer werden von Abscheu erfasst und kapitulieren im schlimmsten Fall (Montier, 2010, S. 738). Die Börsen sind dann derart überverkauft, dass sich auch keine Investoren finden, die wieder in den Markt einsteigen wollen. Der Zusammenbruch der Investmentbank Lehman Brothers im September 2008 kann als Standardbeispiel für diese Phase angeführt werden.

Das Ende der Phase des Abscheus (Daxhammer & Fascar, 2018, S. 113) ist meist erreicht, wenn

- die Kurse derart tief gefallen sind, dass erste Investoren wieder Assets kaufen,

- es zu Handelsaussetzungen an den Börsen kommt, um weitere Kursrückgänge zu begrenzen,
- die Notenbanken als letzte Rettungsinstanzen Assets aufkaufen, um die Märkte zu stabilisieren,
- die Politik mit einer Zunahme an Regulierung (beispielsweise Sarbanes Oxley Act, Basel III, Solvency II, MiFIR, MiFID I, MiFID II) in die Märkte eingreift.

In der jüngeren Vergangenheit wird insbesondere die Gefahr der Blasenbildung an den Immobilienmärkten diskutiert. Wenngleich die Prognose von Preisblasen nach wie vor schwierig ist – ein eindeutiges und valides Analyseinstrumentarium existiert hierfür nicht –, wird für ausgewählte OECD-Länder die Gefahr einer Immobilienpreisblase als hoch eingeschätzt. »Zu einer Gefahr werden diese Preissteigerungen dann, wenn die Dynamik der Preisentwicklung überwiegend aus der Erwartung resultiert, dass in Zukunft ein Käufer einen höheren Preis für die Immobilien zu zahlen bereit ist – unabhängig davon, wie sich die wertbestimmenden Faktoren verändern.« (Kholodilin & Michelsen, 2019, S. 548). Wertbestimmende Faktoren (z. B. Einkommens- und Bevölkerungsentwicklung, Zinsniveaus) sind quantitativ eindeutig messbar. Eine lockere Geldpolitik und eine damit einhergehende umfassende Kreditfinanzierung (großzügige Kreditvergabe, niedrige Kreditzinsen) von Immobilien ist messbar und wird immer wieder als ein Begründungsmuster für die Entstehung der Immobilienpreisblase bis zu deren Platzen im Jahr 2008 angeführt. Erwartungen, die sich aus Empfindungen der Marktakteure herleiten, sind schwieriger zu quantifizieren.

II.4.5 Das Kindleberger-Minsky-Modell im praktischen Anwendungsbeispiel von Wirecard

Ausgangspunkt bildet die **Verlagerung der Geschäftstätigkeit (Phase 1)** von Bezahlsystemen aus der analogen in die digitale Welt. Das Aufkommen des Internets wirkte als exogener Schock und Beschleunigungsfaktor für den eintretenden Boom. Der Begriff Beschleunigungsfaktor ist auf Shiller (2015, S. 83) zurückzuführen und beschreibt »mittelfristige Trends, die erst dann die öffentliche Aufmerksamkeit wecken, wenn sie bereits lange bestehen«. Das Internet ist ein derartiger Beschleunigungsfaktor (Shiller nennt für den Zeitraum 1982 bis 2000 neben dem Internet 11 weitere Beschleunigungsfaktoren; Shiller, 2015, S. 84 ff.), der Wirecard die Basis für die weitere Entwicklung bot.

Die Digitalisierung und der damit erforderliche Aufbau der technologischen Infrastruktur führte dazu, dass (endogen) die finanziellen Voraussetzungen geschaffen werden mussten. Neben Eigenkapital (in Form von Aktienkapital, das von der breiten Masse gezeichnet wurde) wurden auch finanzielle Mittel in Form von Fremdkapital bereitgestellt, **Phase 2 (Kreditschaffung)** hatte begonnen. Bei Wirecard war der Fremdkapitalanteil von 56,4 Prozent im Jahr 2015 auf 67,2 Prozent im Jahr 2018 angestiegen (eigene Berechnungen; Daten: finanzen.net).

Durch den Anfangserfolg avancierte Wirecard zum Börsenliebling und auch die breite Masse von Privatanlegern wurde auf die Aktie aufmerksam. Die Berichterstattung in den Medien (z. B. Fachzeitschriften für Börsenanleger aber auch die Nachrichtensendungen in den öffentlich-rechtlichen Rundfunkanstalten) sorgte dafür, dass sich eine euphorische Stimmung bezüglich der Zukunftsaussichten von Wirecard ausbreitete. **Phase 3 (Euphorie)** hatte begonnen. In dieser Phase wurden erste aufkommende Ungereimtheiten weggewischt und das emotionale Handeln überlagerte rationales Entscheiden.

Dennoch verhallten einige kritische Stimmen zu den Unternehmensinformationen nicht ungehört. Nachfragen bei einem Investorentreffen, die nicht vollständig durch das Management von Wirecard beantwortet werden konnten, leitete bei einzelnen Investoren ein Umdenken ein. Einige Fonds trennten sich von ihren Wirecard-Aktien, für sie hatte die **kritische Phase (Phase 4)** begonnen (ZDF, 2020).

Den fulminanten Zusammenbruch des Aktienkurses erlebte der Markt im Juli 2020, als sich die Vorwürfe gegen Wirecard erhärteten und es zur vorübergehenden Verhaftung des Vorstandsvorsitzenden kam. Der Börsenwert löste sich größtenteils auf (siehe Abbildung II.12), viele Privatanleger wendeten sich nach den erlebten Verlusten mit **Abscheu (Phase 5)** von Wirecard und manche vom Aktieninvestment insgesamt ab (ZDF, 2020).

II.4.6 Kontrollfragen

1. Erläutern Sie, warum und unter welchen Bedingungen es rational sein kann, sich an den Aktienmärkten irrational zu verhalten.
2. Wie kann es bei nahezu kostenlosen Informationen passieren, dass Anleger einer Kontrollillusion unterliegen?
3. Übertragen Sie das Fünf-Phasen-Modell von Kindleberger/ Minsky auf die Immobilienkrise, die im Jahr 2007/08 ihren Höhepunkt erreichte.

Literatur zu Kapitel II.4

Barberis, N. & Thaler, R. (2002): A Survey of Behavioral Finance, Working Paper 9222, Sep 2002, online: http://www.nber.org/papers/w9222, abgerufen am 20.7.2020

Berger, J. (2013): Contagious: Why Things Catch On, New York

Börse Stuttgart (2020): Euwax Sentiment: Die Stimmung der Anleger, online https://www.boerse-stuttgart.de/de-de/tools/euwax-sentiment/, abgerufen am 9.7.2020

Chen, T. (2013): Do Investors Herd in Global Stock Markets?, in: Journal of Behavioral Finance, Volume 14, 230-239

Chen, Y., Da, Z. & Huang, D. (2019): Arbitrage Trading: The Long and the Short of It, in: The Review of Financial Studies, Vol. 32, Nr. 4, 1608-1646

Cialdini, R. B. (2013): Die Psychologie des Überzeugens, 7. Auflage, Bern

Daxhammer, R. J. & Facsar, M. (2017): Spekulationsblasen. Den Turbulenzen am Finanzmarkt auf der Spur, 2. Auflage, Konstanz und München

Daxhammer, R. J. & Facsar, M. (2018): Behavioral Finance, 2. Auflage, Konstanz und München

Europäische Kommission (2012): Grünbuch Schattenbankwesen online: https://web.archive.org/web/20160305102436/http://ec.europa.eu/internal_market/bank/docs/shadow/green-paper_de.pdf, abgerufen am 25.7.2020

Fama, E. F. (1970): Efficient Capital Markets: A Review of Theory and Empirical Work, in: Journal of Finance, Vol. 25, No. 2, 383 - 417

Frydman, R. & Goldberg, M. D. (2012): Jenseits rationaler Märkte. Die neue Marktwirtschaft nach Keynes und Hayek, Weinheim

Garber, P. M. (1990): Famous First Bubbles, in: Journal of Economic Perspectives, Vol. 4, Nr. 2, Spring, 35-54

Kholodilin, K. & Michelsen, C. (2019): Das Risiko einer Immobilienpreisblase ist in Deutschland sowie in den meisten OECD-Ländern hoch, in: DIW Wochenbericht Nr. 32, online: https://www.diw.de/documents/publikationen/73/diw_01.c.671978.de/19-32-1.pdf, abgerufen am 21.7.2020

Kindleberger, C. P. (1978): Manias, Panics, and Crashes: A History of Financial Crisis, New York

Kitzmann, A. (2009): Massenpsychologie und Börse. So bestimmen Erwartungen und Gefühle Kursverläufe, Wiesbaden

Krause, H.-U. (2016): Controlling-Kennzahlen für ein nachhaltiges Management. Ein umfassendes Kompendium kompakt erklärter Key Performance Indicators, Berin und Boston

Le Bon, G. (1982): Psychologie der Massen, 15. Auflage, Stuttgart

Lienhart, J. & Eisenring, C. (2020): Wie sich 1,9 Milliarden Euro in Luft auflösen können, und warum das niemand gemerkt haben will: die wichtigsten Antworten zum Fall Wirecard, online: https://www.nzz.ch/wirtschaft/wie-sich-19-milliarden-euro-in-luft-aufloesen-koennen-und-warum-das-niemand-gemerkt-haben-will-die-wichtigsten-antworten-zum-fall-wirecard-ld.1564559, abgerufen am 27.7.2020

McCrum, D. & Palma, S. (2019): Wirecard: inside an accounting scandal, Financial Times, 7.2.2019, online: https://www.ft.com/content/d51a012e-1d6f-11e9-b126-46fc3ad87c65, abgerufen am 25.7.2020

Minsky, H. P. (1982): The Financial Instability Hypothesis: Capitalistic Processes and the Behavior of the Economy.« in: Financial Crises: Theory, History, and Policy, edited by Charles P. Kindleberger and Jean-Paul Laffargue, Cambridge, 12-29

Montier, J. (2010): Die Psychologie der Börse, München

Shiller, R. J. (2015): Irrationaler Überschwang, 3. Auflage, Kulmbach

Shiller, R. J. & Akerlof, G. A. (2009): Animal Spirits. Wie Wirtschaft wirklich funktioniert, Frankfurt

Spremann, K. & Gantenbein, P. (2019): Finanzmärkte: Grundlagen, Instrumente, Zusammenhänge, 3. Auflage, Konstanz und München

Trautmann, S. (2007): Investitionen: Bewertung, Auswahl und Risikomanagement, Berlin, Heidelberg

Woll, A. (2003): Allgemeine Volkswirtschaftslehre, 14. Auflage, München

ZDF (2020): Interview mit dem Kapitalmarktstrategen Stefan Riße im Heute Journal vom 26.7.2020, online: https://www.zdf.de/nachrichten/heute-journal/heute-journal-vom-26-juli-2020-100.html, abgerufen am 27.7.2020

Zouaoui, M., Nouyrigat, G. & Beer, F. (2011): How Does Investor Sentiment Affect Stock Market Crises? Evidence from Panel Data, in: The Financial Review 46, 723-747

III Warum wir besser entscheiden könnten und manchmal Hilfe brauchen

III.1 Plädoyer für eine nachhaltige Finanzberatung zur Vertrauensstiftung

Bei Vorsorge-/ Risiko-/ Kapitalanlageentscheidungen tritt die besondere Rolle der Finanzdienstleistungsbranche zutage, denn Kunden sind mit komplexen Orientierungsprozessen konfrontiert. Sie entwickeln mit ihrer Umwelt eine Meinung und Haltung zu Zielen, Maßnahmen und Lösungen, suchen Informationen, bewerten Handlungsoptionen und treffen unter Berücksichtigung der meist langfristigen Bindungen komplexe Entscheidungen (Bode & Wilke, 2014, S. 373).

Finanzdienstleistungen sind aufgrund ihrer Erklärungsbedürftigkeit ganz besonders vom Vertrauen der beteiligten Personen abhängig. Ein immaterielles Gut wie ein Versicherungs- oder Ansparversprechen lässt sich nicht haptisch erleben, wie beispielsweise ein Auto. Die Interaktion mit den Kunden (Kunden müssen etwas von sich preisgeben, wie beispielsweise das Einkommen oder die Vermögensverhältnisse) und die meist langfristigen Geschäftsbeziehungen (z. B. Immobilienfinanzierung, Altersvorsorgeprodukte) prägen zudem das besondere Verhältnis zwischen Kunden und Beratern. Vertrauen ist dabei wichtig, da

- Vertrauen in eine als wenig vertrauenswürdig geltende Institution gesetzt werden muss (**Institutionenvertrauen**)
- Beratern Vertrauen entgegengebracht werden muss (**Individualvertrauen**), die Produkt-, Prozess- und Marktwissen besitzen und der Gefahr unterliegen, im Sinne eines provisionsmaximierenden Handelns nachteilige Informationen zu einzelnen Produkten oder Marktentwicklungen zurückzuhalten. (Bode & Wilke, 2014, 374 f.)

Die Bedeutung von Vertrauen für funktionsfähige Märkte wird in der Verhaltensökonomie immer wieder thematisiert. Shiller und Akerlof (2009) beschäftigen sich in ihrem Buch ›Animal Spirits‹ mit nicht rationalen Aspekten und identifizierten neben Fairness, Korruption, Geldillusion eben auch und gerade das Vertrauen als wesentliche Faktor im wirtschaftlichen Zusammenspiel.

Dieses Kooperationsproblem im Kontext des Vertrauensdilemmas kann aus der Sicht der Sozialwissenschaften etwa mit drei Ansätzen gelöst werden (Bode & Wilke, 2014, S. 374 f. und die dort angeführte Literatur):

- **Rational-Choice-Paradigma:** Hier wird das Vertrauensdilemma durch die wiederholte Interaktion der Marktteilnehmer gelöst. Dabei können die Marktakteure die Erfahrung selbst gemacht haben und dies in ihre Zusammenarbeit mit Beratern einfließen lassen. Es kann aber auch sein, dass Dritte ihre Erfahrungen aus der Vergangenheit (z. B. über Bewertungsplattformen) anderen für deren Entscheidungsprozess zur Verfügung stellen. Ferner kann die Vertrauensbildung gefördert werden, wenn Sanktionen für die Zukunft angedroht werden, falls sich Berater in der Vergangenheit unkooperativ verhalten haben. Viele Marktakteure werden schon die Erfahrung gemacht haben, wie kooperativ bzw. entgegenkommend sich Unternehmen zeigen, wenn mit einer schlechten Bewertung im Internet gedroht wird.
- **Institutionenvertrauen als soziales Phänomen:** Hierbei rückt das stabile Institutionengefüge als Bedingung anonymer Vertrauensstiftung in den Fokus. Letztendlich wird dieser Ansatz stark von der Regulierung verfolgt (z. B. Veröffentlichungspflichten, Dokumentationspflichten bei Kundenberatungen). Aber auch die von Unternehmen oder Verbänden aufgelegten Verhaltenskodices zielen darauf ab, im Sinne einer Selbstverpflichtung eine faire Kooperation zwischen den Marktteilnehmern zu erreichen.
- **Soziale Einbettung:** Ökonomische Transaktionen werden auch auf Basis nichtökonomischer Referenzen (Respekt, Anerkennung) vollzogen. Bindung und Loyalität lassen sich beispielsweise dadurch erzielen, dass eine soziale Einbettung aller Prozesse vorgenommen wird. Damit wird die Voraussetzung geschaffen, um die relevanten Informationen systematisch mit vertrauenswürdigen Informationsquellen verknüpfen zu können. Letztendlich wird dieser Ansatz seit jeher von regional ansässigen Finanzberatern oder Finanzdienstleistungsunternehmen verfolgt. Das Engagement bei örtlichen Vereinen oder die Unterstützung sozialer Einrichtungen in der Heimatgemeinde von Beratern sind nur zwei Beispiele dafür, dass ein faires und auf Reputation ausgerichtetes Miteinander für den Geschäftserfolg unabdingbar ist.

Menschen begehen Fehler, sie sind bisweilen abgelenkt oder nachlässig, gedankenlos oder werden von kognitiven oder emotionalen Unzulänglichkeiten in ihrem Entscheidungsverhalten beeinträchtigt. Eine nachhaltige, auf Vertrauen basierende Finanzberatung muss verhaltensökonomische Erkenntnisse einbeziehen und kann zur Verringerung des Vertrauensdilemmas beitragen. Schwierigkeiten können jedoch auftreten, da (Hilbert, 2015, S. 105)

- Berater mit den Erkenntnissen der Verhaltensökonomie vertraut sein müssen,
- die jeweilige Unternehmens- bzw. Vertriebsform die Produktsicht in den Vordergrund rückt und das Umsatzziel dominiert,
- Berater Menschen sind, die auf Anreize reagieren (Provisionen sind starke Anreize und können den Eigennutz (Einkommensmaximierung) in den Vordergrund rücken),
- bei firmengebundenen Beratern das Produktspektrum in der Beratung eingeschränkt sein kann.

III.2 Der Umgang mit Heuristiken und Biases

Um nachhaltig eine gute Beratungsleistung erbringen zu können, ist neben den notwendigen fachlichen Skills auch und besonders die Kenntnis über das Entscheidungsverhalten von Kunden erforderlich. Oder, um es auf eine Frage zu konzentrieren: Wie ticken meine Kunden?

Die bisher geschilderten Heuristiken und Biases, die das Entscheidungsverhalten maßgeblich beeinflussen, haben bereits wichtige Erkenntnisse für das Erkennen von systematischen Fehlern erbracht. Um nun die Beratung auf diese Fehlerquellen auszurichten, ist noch die Unterscheidung in ›kognitive‹ und ›emotionale‹ Störungen erforderlich (▶ Tab. III.1).

Tab. III.1: Kognitive und emotionale Heuristiken und Biases (Quelle: In Anlehnung an Pompian, 2012)

kognitiv	**emotional**
Belief Perseverance Biases • Konservatismus • Selbstbestätigung (Confirmation Bias) • Repräsentativität • Kontrollillusion • Rückschaufehler • Kognitive Dissonanz Information Processing Biases • Verankerung • Mentale Kontoführung • Framing • Verfügbarkeit • Selektive Wahrnehmung • Selbstattribution • Rezenz-Effekt • Ambiguitätsaversion • Risikowahrnehmung	• Verlustaversion • Selbstüberschätzung • Status-quo-Bias • Besitztumseffekt • Regretaversion • Herdenverhalten • Dispositionseffekt

Bei kognitiven Verzerrungen kann mit einem Mehr an Informationen oder mit qualitativ besseren Informationen auf die Fehlerquelle eingewirkt werden. Den Kunden wird dann nämlich die eigene Fehlerquelle bewusst und sie haben ein Interesse daran, ihr Entscheidungsverhalten entsprechend anzupassen. Schwieriger ist es bei emotionalen Verzerrungen. Wenn man versucht, jemanden mit gefestigten Glaubenssätzen (Beliefs) vom Gegenteil zu überzeugen, wird dies größtenteils nicht möglich sein. Wenn Emotionen im Spiel sind, hat der Verstand Pause.

Pompian (2012, Chapter 3) betrachtet zusätzlich zum Ursprung der Heuristik bzw. Verzerrung (kognitiv oder emotional) auch den Vermögensbestand von Kunden, da die Höhe des Vermögens auch darüber entscheidet, wieviel Fehler man sich leisten kann. Dieser Logik folgend sind in Abbildung III.1 vier mögliche Beratungsstrategien aufgeführt.

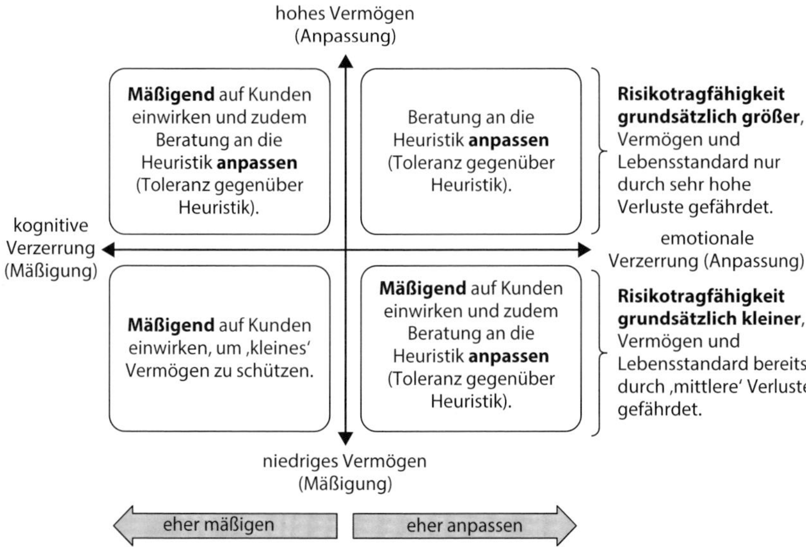

Abb. III.1: Mit Heuristiken und Biases in der Beratung umgehen (Quelle: In Anlehnung an Daxhammer & Fascar, 2018, S. 280)

Sofern die Störung des Entscheidungsprozesses eher im kognitiven Bereich (begrenzt rationales Verhalten) anzusiedeln ist, kann mit qualitativ und quantitativ guten Informationen mäßigend auf Kunden eingewirkt werden. Dies ist insbesondere dann geboten, wenn Kunden über ein kleines Vermögen verfügen. Die absolute Risikotragfähigkeit ist dann nämlich nur gering. Bei größeren Vermögen ist die Risikotragfähigkeit absoluter Verluste grundsätzlich höher, so dass neben der Mäßigung auch eine Anpassung der Beratung an das begrenzt rationale Verhalten der Anleger möglich ist.

Aktuell ist beispielsweise aufgrund der Klimadebatte der Wasserstoffsektor stark in den Medien präsent. Dies ist u. a. auch darauf zurückzuführen, dass unlängst die Wasserstoffstrategie der Europäischen Union und der deutschen Bundesregierung bekanntgegeben wurde. Informationen über Unternehmen aus dem Wasserstoffbereich sind leicht zugänglich (Verfügbarkeit). Das übermäßige Verfolgen einer Wachstumsstrategie bei der Zusammenstellung des Portfolios kann zulasten der Diversifikation gehen. Da die zugrundeliegende Heuristik kognitiv ist, kann entsprechend mäßigend auf die Kunden eingewirkt werden, da sie gegenüber rationalen Argumenten grundsätzlich offen sind.

Deutlich schwieriger ist es für Finanzberater, wenn das begrenzt rationale Verhalten von Kunden einen emotionalen Ursprung aufweist. Bei Glaubenssätzen, Überzeugungen oder generell affektiven Faktoren stößt sachlich-rationales Argumentieren an Grenzen. Natürlich sollten Berater auch hier versuchen, mäßigend auf schädliches Anlageverhalten einzuwirken. Mitunter verbleibt aber nur die Anpassung an die Heuristik der Kunden. Beispielsweise sind Selbstüberschätzung und Herdenverhalten für Anlageprofis im Kundengespräch schwer in den Griff zu bekommen. Da bleibt nur eine Möglichkeit für die Berater: Eine ausführliche Beratungsdokumentation schützt zumindest die Berater im Nachhinein, falls Verluste aufgelaufen sind. Die gesetzliche Dokumentationsverpflichtung, die häufig als störend empfunden wird, erweist sich dann als hilfreich, wenn der Dispositionseffekt eingetreten ist.

Literatur zu Kapitel III.2

Bode, I. & Wilke, F. (2014): Orientierungsprozesse im Vertrauensdilemma. Beziehungskonstruktionen in Beratungen zur privaten Altersvorsorge, in: Kölner Zeitschrift für Soziologie und Sozialpsychologie, Issue 3, 371-396

Daxhammer, R. J. & Facsar, M. (2018): Behavioral Finance, 2. Auflage, Konstanz und München

Hilbert, S. (2015): Verhaltensökonomische Aspekte für den Vertrieb von Finanzdienstleistungen, in: Baumgart, J.; Nagler, G. (Hrsg.): Ausgewählte Aspekte der angewandten Betriebswirtschaftslehre und Wirtschaftsinformatik. Festschrift der Fakultät Wirtschaft der Dualen Hochschule Baden-Württemberg Mannheim für Rainer Beedgen, Mannheim, 91-109

Pompian, M. M. (2012): Behavioral finance and investor types: managing behavior to make better investment decisions, New York, ebook verfügbar unter: http://proquest.tech.safaribooksonline.de/9781118235607

Shiller, R. & Akerlof, G. (2009): Animal Spirits, Frankfurt

III.3 Nudging als Teilbereich des Libertären Paternalismus

Fallstudie: Karl ist in Urlaubslaune

Auf dem Weg zu seinem Bankberater war Karl spät dran. Warum musste er auch beim Bestellen seines Reiseführers über Italien bei Amazon noch bei den vorgeschlagenen Büchern über Weintouren in der Toskana hängenbleiben? Nachdem er alle Angebote angeschaut hatte, kaufte er zwei weitere Bücher und eine DVD. Clevere Marketingleute ...

Jetzt aber schnell, für die 5 Kilometer hatte er noch 10 Minuten Zeit und er musste zuerst aus seinem Wohnviertel raus. Geblitzt wird aktuell hoffentlich nicht in der 30er-Zone. Okay, das Emoji der fest installierten Geschwindigkeitsanzeige am Straßenrand blickte grimmig, 42 km/h sind auch wirklich zu viel und bei allem Zeitdruck nahm Karl den Fuß vom Gas.

In der kommenden Woche sollte der Urlaub nach Italien starten, Karl war bereits voller Vorfreude und wollte jetzt noch das anstehende Jahresgespräch bei seinem Kundenberater hinter sich bringen. Mit dem Auto mit einigen Zwischenstationen bis nach Sienna, vor seinem geistigen Auge zogen mediterrane Landschaften vorbei, die Grillen zirpten und ›la dolce vita‹ war förmlich zu spüren. Aber neben aller Vorfreude hatte Karl am vergangenen Wochenende noch den Bericht über den schlechten Zustand einiger Tunnels in den Alpen im Automagazin gelesen und der Bericht über den erkrankten Reisenden, der zur Behandlung nach Deutschland ausgeflogen werden musste, hatte ihn etwas nachdenklich gemacht.

Mit 15 Minuten Verspätung erreichte Karl die Bankfiliale und es war ihm unangenehm, dass sein Berater hatte warten müssen. Beim Eintreten in die Geschäftsräume nahm er noch den Aufsteller wahr, auf dem zu lesen war: »65 % meiner Kunden haben in den vergangenen vier Wochen vor Antritt ihrer Reise einen Auslandsschutzbrief abgeschlossen!«

Gar nicht dumm, so ein Schutzbrief. Zumal die Straßen (und Tunnel) in Italien ja nicht mit deutschen Verhältnissen zu vergleichen waren. Zudem sollen Autofahrer in Italien ja auch besonders sein, da Verkehrsregeln nur für andere gelten. Und sich im Schadenfall im Ausland in einer fremden Sprache herumschlagen zu müssen, vermiest jeden Urlaub.

Nach einer Stunde verließ Karl froh gelaunt die Bankfiliale, sein Sparplan entwickelte sich gut und während des Gesprächs mit seinem Berater wurde sein Vermögensaufbau noch um einen zusätzlichen ETF erweitert. Zudem schloss. Karl auch noch eine Auslandskrankenversicherung ab und der Schutzbrief für sein Auto, inklusive Verkehrsrechtsschutzpaket, machten die Sache so richtig rund. Da wollte Karl jetzt nicht so knauserig sein, immerhin hatte sein Bankberater warten müssen.

III.3.1 Manchmal hilft ein kleiner Schubs

Im öffentlichen oder politischen Diskurs wird seit einiger Zeit das Konzept des Nudging diskutiert. Ursprünglich wurde dieser Ansatz von Sunstein und Thaler (2009) entwickelt, um das Entscheidungsverhalten von Menschen zu beeinflussen, damit sie sich besser im Dschungel der Möglichkeiten zurechtfinden und zudem bessere Entscheidungen treffen. Gedankenlosigkeit etwa führt bisweilen zu schlechten Entscheidungen (Kunde: »Oh, doch schon wieder die Currywurst gegessen und den Salat vergessen.«), die berüchtigte Prokrastination, also das bewusste Aufschieben von Aufgaben/ Entscheidungen, verleitet zudem dazu, ungeliebte Tätigkeiten liegen zu lassen (Kunde: »Für die Steuererklärung habe ich ja noch Zeit, das mache ich in der nächsten Woche.«), oder Entscheidungen werden nicht getroffen, weil der Nutzen in ferner Zukunft liegt (Kunde: ›Warum soll ich mich jetzt, mit Anfang 20, um eine Altersvorsorge kümmern? Bis zum Renteneintritt habe ich doch noch viel Zeit.‹).

Im Kern geht es beim Nudging (Schubsen) darum, dass die Politik Richtlinien entwirft, die die Entscheidungsfreiheit der Individuen aufrechterhält und sogar erweitert (libertärer Aspekt). Gleichzeitig wird der Entscheidungsprozess über Choice Architects beeinflusst und mit Nudges versehen (paternalistischer Aspekt), damit die Menschen nach der Entscheidung besser dastehen. Besser dastehen benötigt natürlich einen Bezugsrahmen und hier ist durchaus Kritik erlaubt. Eine gesamtgesellschaftliche Besserstellung (Experte: »Die Menschen sollen sich frühzeitig um ihre finanzielle Situation im Alter kümmern, um sich im Rentenalter einen hohen Lebensstandard leisten zu können.«) kann durchaus mit individuellen Präferenzen kollidieren (Kunde: »Ich will jetzt aber möglichst häufig in den Urlaub fahren und die Welt sehen, da bleibt zum Sparen nichts übrig.«). Beim Nudging handelt es sich um ein Konzept des libertären Paternalismus, seit einiger Zeit wird es auch im Finanzdienstleistungsbereich als Werkzeug der Regulatorik angewendet (Weber & Baisch, 2018, S. 927).

Nudges berücksichtigen die Funktionsweise des Gehirns, da sie einerseits an System 1 ansetzen und bewirken sollen, automatisch zu treffende Entscheidungen zu verbessern. Andererseits sollen sie verhindern, dass zu schnell und gedankenverloren entschieden wird, indem Menschen in System 2 gelockt werden, um dann reflektierter zu entscheiden (▸ Kap. I.1.4).

Ein Nudge zielt auf die Prozesse von Sinneswahrnehmung und -verarbeitung ab und kann ›offen‹ oder ›verdeckt‹ ausgestaltet sein. Ein offener Nudge liegt beispielsweise vor, wenn Stufen als Klaviertastatur designt wurden, um zum Treppenlaufen zu animieren, der Nudge wahrgenommen und die Absicht dahinter erkannt wird. Verdeckt ist ein Nudge hingegen, wenn zum Beispiel Datenschutzeinstellungen bei Software-Programmen als Standard (Default) vorgegeben sind, aber geändert werden können. Da viele Menschen aus Bequemlichkeit oder Unwissenheit (man könnte es aber wissen, wenn man sich kümmern würde) an den Standardeinstellungen nichts ändern, wird die Richtung der Entscheidung beeinflusst. (▸ Abb. III.2)

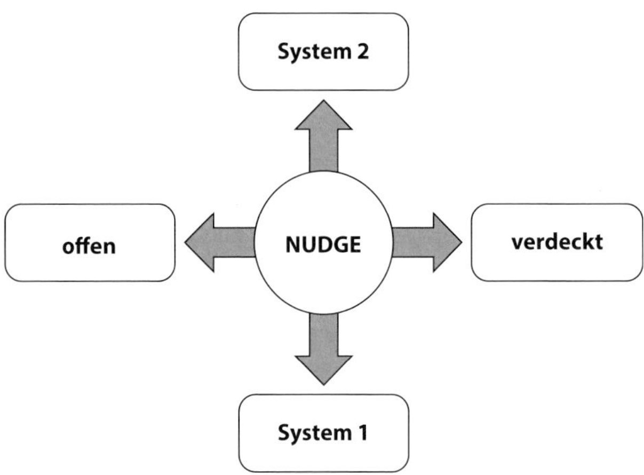

Abb. III.2: Ausgestaltung und Wirkung von Nudges

Thaler und Sunstein (2010, S. 15) definieren Nudges wie folgt: Unter einem **Nudge** können alle Maßnahmen verstanden werden, »mit denen Entscheidungsarchitekten das Verhalten von Menschen in vorhersagbarer Weise verändern können,

> ohne irgendwelche Optionen auszuschließen oder wirtschaftliche Anreize stark zu verändern.«

Etwas präziser beschreibt das »Behavioral Insight Team« der britischen Regierung den Begriff des Nudge, da hier auch Aspekte des Entscheidungsverhaltens wie etwa Beschränkungen, Verzerrungen, Routinen und Verhaltensweisen aufgenommen werden: »A nudge is a function of any attempt at influencing people's judgment, choice or behavior in a predicable way that is made possible because of cognitive boundaries, biases, routines and habits in individual and social decision-making posing barriers for people to perform rationally in their own declared self-interests and which works by making use of those boundaries, biases, routines, and habits as integral parts of such attempts.« (Hansen, 2016, S. 1)

Nudges beziehen also die erwarteten Ergebnisse eines Wahlaktes von Konsumenten ein und gestalten die Präsentation der Möglichkeiten entsprechend. Hier zeigt sich das große Potenzial, welches Digitalisierung und Big Data mit sich bringen: Predictive Analytics ermöglichen es, auf Basis von Auswertungen vieler Datensätze Entscheidungsmuster von Menschen zu erkennen, die dann für das »Schubsen« verwendet werden können. Nudges unterliegen damit einer permanenten empirischen Überprüfung und müssen immer wieder angepasst werden, da einmal erkannte Absichten der Nudge-Initiatoren bei den zu beeinflussenden Personen vielleicht nicht mehr funktionieren.

Damit ist auch klar, dass Nudging eine Form der Manipulation darstellt, eine neutrale bzw. objektive Entscheidung scheint kaum möglich. In der wissenschaftlichen Diskussion finden sich auch Hinweise darauf, dass eine klare Abgrenzung zwischen einem Nudge zu anderen Formen der Verhaltenssteuerung nicht existiert (Düber, 2016, S. 440). Für den Vertrieb von Finanzdienstleistungen bedeutet dies etwa, dass Unternehmensinteressen und Kundeninteressen gegeneinander abzuwägen sind. Natürlich muss ein Unternehmen im Sinne der Gewinnerzielung auch seine Vertriebsvorgaben (Umsatz- oder Prämienvolumina) erreichen, nur so kann in einem marktwirtschaftlichen System der Fortbestand der Leistungserstellung gewährleistet werden. Die Leistungserstellung muss sich aber konsequent an den jeweiligen Kundenbedürfnissen orientieren, dies erfordert eine nachhaltige Beratung. Nun ist das Kundenbedürfnis einerseits die unabhängige Variable (Berater 1: »Wir orientieren unsere Beratung am vom Kunden geäußerten Bedarf.«), andererseits aber auch abhängige Variable (Berater 2: »Den Kundenbedarf können wir steuern, indem wir ein Bedürfnis wecken, das dem Kunden so gar nicht bewusst war.«).

Nun könnte man sich der Argumentation vieler Kritiker anschließen, die eine demokratisch-legitimierte Basis für das Nudging durch die Politik / den Staat fordern (Sunstein, 2013). Im privatwirtschaftlichen Bereich würde eine derartige Forderung aber zu weit gehen. Marketing ist auch eine Form des Nudging und wird schon lange betrieben. Somit stellt sich jedes Unternehmen mit seinen Verkaufsstrategien seit jeher der öffentlichen Überprüfung und Konsumenten steht es frei, den Anbieter einer Leistung zu wechseln.

Nudges können in unterschiedlichster Form ausgestaltet werden, je nachdem, welche Intention sie verfolgen. Es können vier Hauptarten von Nudges unterschieden werden:

- **Achtsame Nudges:** Führen Menschen zu kontrollierteren Zuständen (z. B. mit dem Rauchen aufzuhören, sich gesünder ernähren).
- **Stupide Nudges:** Zielen auf Emotionen ab oder nutzen das Framing, um Menschen zu beeinflussen. (z. B. Tip, Tip, Tot. – Plakataktion des Bundesverkehrsministeriums an Autobahnen, um Autofahrer vom Bedienen des Smartphones während des Fahrens abzuhalten.)
- **Ermunternde Nudges:** Unterstützen die Einführung oder die Aufrechterhaltung eines bestimmten Verhaltens. (z. B. Treppenlaufaktionen und Challenges im Rahmen des betrieblichen Gesundheitsmanagements in Unternehmen.)
- **Entmutigende Nudges:** Behindern ein Verhalten oder bewahren vor einem Handeln, das unerwünscht ist. (z. B. Schockfotos von Krankheiten auf Zigarettenpackungen.)

Sowohl für den staatlich-öffentlichen als auch für den privatwirtschaftlichen Bereich werfen Nudges wissensbasierte, ethische oder praktische Fragen auf (White, 2016, S. 22). Wissensbasiert stellt sich die Frage nach dem Wissensvorsprung der Entscheidungsarchitekten bzw. nach der Grundlage, woher sie ein besseres Wissen im Vergleich zu den Präferenzen der Bürger oder Konsumenten haben. Daran schließt sich die ethische Dimension an, denn ein Schubsen in eine vom Absender des Nudge gewollten Richtung ist eine Manipulation, selbst wenn diese eine gute Absicht (wer auch immer darüber bestimmt, was gut und schlecht ist) verfolgt. Letztendlich bewahrt der Eingriff durch einen Nudge vielleicht einzelne Personen vor Fehlern. Eingriff impliziert jedoch, dass dies von außen geschieht und eine Erkenntniserweiterung und damit Verbesserung des eigenen Entscheidungsverhaltens (Lernen!) nicht zwingend erfolgt: Aus der rein praktischen Sicht sind Menschen nach wie vor unmündig in Bezug auf eigene, gute Entscheidungen und weiterhin auf wohlwollendes Eingreifen anderer angewiesen.

III.3.2 Ausgestaltung von Nudges

III.3.2.1 Das EAST-Konzept

Nudges sollten den kompletten Entscheidungsprozess des Menschen von der Informationswahrnehmung, über die Informationsbewertung bis zur eigentlichen Entscheidungsfindung berücksichtigen. In allen Teilschritten ist mit Unzulänglichkeiten zu rechnen, sei es, dass Menschen schusselig oder faul sind, nicht über die kognitiven Fähigkeiten für kluges Entscheiden verfügen oder nicht verfügen wollen (Heuristiken und Biases). Damit eine Verhaltenssteuerung über »Schubsen« zwangsfrei erfolgt, muss bei der Ausgestaltung der Maßnahmen Transparenz und Effektivität gegeben sein (Daxhammer & Facsar, 2017, S. 320).

Für die grundsätzliche Ausgestaltung und die Erhöhung der Wirkkraft von Nudges hat das ›Behavioral Insights Team (BIT)‹ der britischen Regierung vier Wesensmerkmale herausgearbeitet, die unter dem Akronym ›EAST‹ bekannt geworden sind (► Abb. III.3).

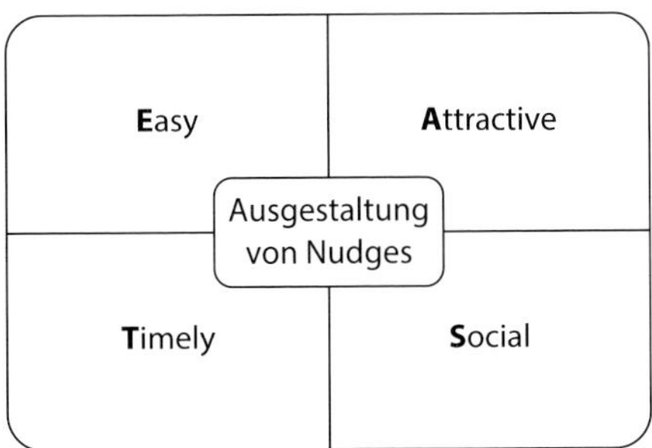

Abb. III.3: ›EAST‹-Konzept des »Behavioral Insights Teams« (Quelle: In Anlehnung an Halpern, 2012)

Ein Nudge sollte so ausgestaltet sein, dass die Entscheidung einfach (**E**asy) zu treffen ist. Die gewünschte Option muss leicht für Entscheider zu erreichen und mit wenig Umständen verbunden sein. Hierfür eignen sich etwa Default-Einstellungen, die einfach beibehalten oder (mit Aufwand) geändert werden können. Damit beinhaltet die Default-Einstellung meist eine asymmetrische Aufwandsverteilung: Beibehalten der Standardeinstellung ist einfach (easy), eine Änderung der Default-Einstellung ist mit Mühe (hassle) verbunden. Im Kontext von Finanz- oder Vorsorgeentscheidungen von Kunden muss es folglich gelingen, dass die präferierte Option leicht zu wählen bzw. zu erhalten ist. Seit dem Jahr 2018 besteht etwa auf Grundlage des Betriebsrentenstärkungsgesetzes die Möglichkeit, dass die Tarifparteien in Deutschland eine automatische Entgeltumwandlung vereinbaren, um den Aufbau einer privaten Altersvorsorge für die Tarifbeschäftigten zu fördern. Die Default-Einstellung des Tarifvertrages kann dann somit die automatische Entgeltumwandlung vorsehen, ein Austreten aus dieser Vereinbarung (Opting-Out) ist für die Beschäftigten individuell möglich. (Wie mächtig die Default-Einstellung ist, zeigt etwa der hohe Anteil an Organspendern in Österreich, in diesem Land ist jeder Mensch automatisch Organspender, sofern vor Eintritt des Todes (Hirntod) der Organspende nicht aktiv widersprochen wurde.)

Umgekehrt kann der Wunsch nach Vereinfachungen, der uns innewohnt, auch dazu verwendet werden, dass nicht gewünschte Handlungsweisen aus Sicht der Manipulatoren möglichst nur unter Friktionen möglich sind. Besonders negative Beispiele finden sich etwa bei einzelnen Mobilfunkanbietern. Der Vertragsabschluss ist vergleichsweise einfach, die Kündigung oder Beschwerde ist ungleich komplizierter und aufwändiger, da Hotline-Telefonnummern schwer erreichbar oder mit hohen Wartezeiten verbunden sind.

Nudges sollten ferner so konzipiert sein, dass die gewünschte Option möglichst attraktiv (**A**ttractive) sowohl in Bezug auf die Sichtbarkeit als auch Nützlichkeit für die Entscheider erscheint.

Menschen bevorzugen eine individuelle Behandlung, sie wollen als Individuen wahrgenommen werden. Insofern sollten Nudges möglichst personalisiert sein. Ebenso sollte der Hauptnutzen eines Angebots klar erkennbar sein und aus der Menge möglicher Vorteile und Alternativen herausstechen. Attraktiv erscheinen für viele Menschen zudem häufig Angebote, die auf Emotionen abzielen. Attraktivität wird folglich ebenso von emotionalen als auch von vernunftbezogenen Eigenschaften bestimmt.

Menschen sind soziale Lebewesen und richten sich gerne nach der Meinung oder Handlungen anderer (**S**ocial). Wie andere entscheiden oder entschieden haben kann ein starker Schubs für das eigene Entscheidungsverhalten sein. (Karls Bankfilialbesuch zu Beginn des Kapitels: »65 % meiner Kunden haben in den vergangenen vier Wochen vor Antritt ihrer Reise einen Auslandsschutzbrief abgeschlossen.«) Die Gruppe gibt Orientierung, wenn man selbst Orientierung sucht. Diese Verhaltensweise ist umso ausgeprägter, je unsicherer die Entscheidungssituation ist. So ist etwa gerade auch bei professionellen Portfoliomanagern festzustellen, dass diese ihre eigene Anlagestrategie bei Unsicherheit häufig am Mainstream ausrichten, auch wenn die eigene Meinung dem vielleicht nicht entspricht. Der Herde zu folgen kann rational sein, um im Falle eines Misserfolgs eine selbstwertdienliche Begründung zu haben: Die anderen Portfoliomanager waren auch nicht besser.

Im täglichen Entscheidungsdschungel haben etwa Bewertungsportale im Internet oder Zeitschriften mit Testergebnissen (z. B. Finanztest der Stiftung Warentest) hohe Relevanz und Wirkkraft, ebenso ist für unser eigenes Entscheiden von Bedeutung, was Familienmitglieder, Kollegen oder Freunde getan haben. Gute Berater berücksichtigen bei der Ausübung ihrer Tätigkeit, wie die Informationsaufnahme und -bewertung im Entscheidungsprozess bei den Kunden erfolgt.

Auch Personengruppen, zu denen kein Vertrauensverhältnis besteht, wirken auf das individuelle Entscheidungsverhalten ein. Wenn auf einer Landstraße in einer Tempo-70-Zone die Mehrheit der anderen Autofahrer mit 85 km/h unterwegs ist, passen sich viele an. Die Masse prägt folglich auch, wenn es sich um Normverstöße handelt. Der Broken-Windows-Effekt etwa ist hinlänglich erforscht und in der Literatur diskutiert: Das Verhalten anderer beeinflusst das moralische Handeln, bisweilen lösen sich gesellschaftliche Bindungen auf und es kann dazu kommen, dass der Widerstand gegen kriminelles Verhalten bzw. Normverstöße sinkt. Bereits das Zulassen leichter Verstöße gegen Normen und Gesetze kann dazu führen, dass es zu Änderungen im Verhalten und der Risikoeinstellung kommt (Willson & Kelling, 1982).

Zu guter Letzt sollte ein effektiver Nudge so ausgestaltet sein, dass er rechtzeitig (**T**imely) auf die Handlungsweise einwirkt. Im Idealfall sollte ein Schubs bereits ansetzen, bevor sich eine Verhaltensweise ausgeprägt hat. Daher ist es in finanziellen Angelegenheiten geboten, bereits im Kindesalter mit Finanzbildung zu beginnen. Das Verständnis über grundlegende Wirtschafts- und Finanzzusammenhänge ist wichtig, um beispielsweise nicht in eine Überschuldungssituation zu geraten oder um die Vorteile einer frühzeitig beginnenden, langfristigen und kontinuierlichen Ersparnisbildung für eine Vermögens- und Einkommenssicherung im Alter zu verstehen.

Ein Nudge sollte zudem Schlüsselmomente nutzen, die eine etablierte Verhaltensweise unterbrechen. Es ist clever, vor Beginn der Urlaubssaison mit Angeboten zur Auslandskrankenversicherung oder zum Auslandsschutzbrief auf Kunden zuzugehen. Priming und Anchoring sind wirkmächtige Nudges, die effektive Interventionsmöglichkeiten bei Kundenentscheidungen bieten.

Nudging bietet viele Möglichkeiten, um das Verhalten von Entscheidern zu beeinflussen. Im Kontext einer nachhaltigen Beratung im Finanzvertrieb erfordert dies den permanenten Abgleich zwischen Kunden- und Beraterinteressen und es muss gelingen, einen langfristigen Gleichgewichtszustand zu erreichen. Da Nudges in ihrer Wirkung einer Überprüfung durch denjenigen, der nudged als auch durch diejenigen, die genudged werden (z. B. auch durch die Öffentlichkeit) unterliegen, müssen diese Schubse auch bisweilen neu ausgestaltet werden. Offenlegung von Effekten bewirkt, dass die beeinflussten Kunden ihr Verhalten anpassen (Reizgewöhnung), dann verliert ein Nudge an Wirkung.

III.3.2.2 Kennzeichen einer guten Entscheidungsarchitektur

Ein wesentliches Element des Nudging-Ansatzes besteht darin, dass Entscheidungssituationen vorstrukturiert werden und die Wahlfreiheit bei Entscheidern erhalten bleibt.

Für diese Vorstrukturierung sind sogenannten **Choice Architects** zuständig, die über einen Wissensvorsprung verfügen und bewusst darauf abzielen, System 1 oder System 2 der Entscheider zu aktivieren. Johnson et al. (2012, S. 287) definieren deshalb: A Choice Architect »...is anyone who present people with choices.« Ihre Aufgabe besteht darin, anderen Menschen das Leben und die damit verbundenen Entscheidungssituationen leichter zu machen, indem sie das Umfeld benutzerfreundlicher gestalten (Thaler & Sunstein, 2012, S. 23).

Jeder von uns ist Entscheidungsarchitekt und gestaltet die Wahlmöglichkeiten von Menschen. Choice-Architects sind aber ebenso Menschen, die Fehler begehen. Um eine gute Entscheidungsarchitektur zu ermöglichen, bietet es sich an, bestimmte Merkmale bei der Strukturierung von Wahlmöglichkeiten zu berücksichtigen. Die folgenden Ausführungen orientieren sich an der Entscheidungsstruktur beginnend mit der Informationswahrnehmung, dann der Informationsverarbeitung und -bewertung und bezieht letztendlich den Schritt der Entscheidungsfindung ein.

Informationswahrnehmung

Die »Tyrannei der Entscheidung« ist gerade bei Finanzprodukten ein Hauptproblem für viele Menschen. Es mangelt häufig nicht an Möglichkeiten, wohl aber an einer klaren Eingrenzung, welche Information in der jeweiligen Entscheidungssituation wichtig ist oder welches Produkt zu den eigenen Präferenzen passt. **Komplexe Entscheidungen müssen strukturiert werden**, zumal bei Komplexität keine Standardlösungen existieren. Wohl bieten Heuristiken eine robuste Möglichkeit, um den Entscheidungsprozess zu stützen. Menschen wenden (intuitiv) in komplexen Situationen eine Vereinfachungsheuristik an. Entscheidungsarchitekten nehmen daher Vereinfachungen komplexer Sachverhalte vor und müssen berücksichtigen, dass die Simplifizierung nicht zur falschen Alternative führt. Mittels einer aspektweisen Eliminierung können beispielsweise die wichtigsten Kriterien gestuft und dann dichotom (erfüllt die Anforderungen bzw. erfüllt die Anforderungen nicht) abgearbeitet werden.

Angenommen, eine Kundin möchte einen Teil ihres Geldes in einen Aktienfonds investieren. Über eine Suchmaschine für Fonds werden im Netz nun verschiedene Kriterien abgefragt, die der Kundin die Auswahl erleichtern sollen. Dabei sind Fragen zu beantworten (Land?, Schwerpunkt?, Branche?, Sparplanfähig?, Ausgabeaufschlag?, etc.). Aspektweise werden hierbei diejenigen Fonds aussortiert, die nicht den Anforderungen der Kundin entsprechen. Zum Schluss sind vielleicht noch 15 Fonds übriggeblieben, die dann anhand von Rendite (μ) und Risiko (σ) klassifiziert werden können (► Abb. III.4). Sofern die Kundin nun eine Mindestrenditeanforderung von 6 % hat und eine maximale Kursschwankung von 10 Prozent akzeptiert, verbleiben nur noch die Fonds 1, 6 und 10. Da es irrational wäre, bei gleichem Risiko eine geringere Rendite zu akzeptieren, ist auch Fonds 6 auszusortieren. Bei der Darstellung im μ-σ-Diagramm handelt es sich um eine graphische **Vereinfachung ohne zu trivialisieren**, die Erkenntnisse aus der Portfolio-Theorie werden berücksichtigt.

Menschen neigen nicht nur dazu, finanziell weitreichende Entscheidungen zu prokrastinieren, in manchen Situationen sind sie schlicht vergesslich. Und diese Vergesslichkeit oder Entscheidungsträgheit kann dazu führen, dass die gesundheitlichen oder finanziellen Folgen gravierend sein können. Eine kleine **Erinnerung** kann Wunder wirken und eine Menge Geld sparen. Als Makler sollte man die Ablauf- oder Kündigungstermine von Verträgen seiner Kunden präsent haben, um einerseits auf Wechselmöglichkeiten aufmerksam zu machen und andererseits bereits Angebote vorzubereiten. Ein kleiner Schubs mit wenig Aufwand, der in beidseitigem Interesse lohnenswert sein kann. (Karl wurde durch den Aufsteller bei seiner Bankfiliale auch daran erinnert, dass ein Schutzbrief bei Auslandsreisen mit dem Auto sinnvoll sein kann.)

Schließlich kann es bei der Informationsaufnahme hilfreich sein, wenn Standards vorgegeben werden oder Voreinstellungen (**Defaults**) vorgenommen wurden, um damit den Wahlakt zu erleichtern. Banken nutzen dieses Instrument etwa bei Kontoeröffnungen: Das Online-Banking wird dann bereits als Standard vorgegeben und der Postversand in Papierform entfällt, da das Häkchen für ›Elektronisches Postfach‹ bereits gesetzt ist.

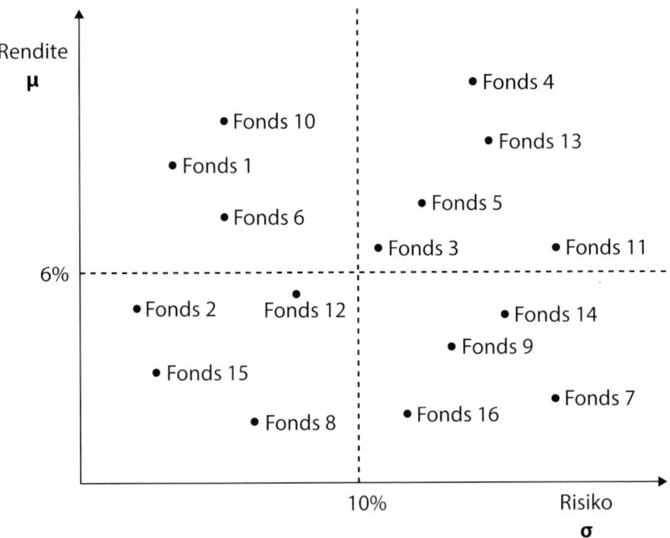

Abb. III.4: μ-σ-Diagramm für die Fondsauswahl

Diese Vereinfachung macht in vielen Fällen auch Sinn und ist ein Service für die Kunden, da es zeitliche und inhaltliche Erleichterungen mit sich bringt. Bei Vertragsabschlüssen von Kfz-Versicherungen über Vergleichsportale sind bei einigen Fragen Antworten bereits voreingestellt (beispielsweise ist bei der Frage ›Vom Versicherer regulierte Schäden in den letzten 3 Jahren‹ als Standard ›nein‹ angekreuzt), dies kann aber mit geringem Aufwand geändert werden. Derartige Standardeinstellungen können Sinn machen und erleichtern die Beantragung des Versicherungsschutzes zumal in der Mehrzahl der Fälle Versicherungsnehmer bei Versicherungswechsel nicht vom Vorversicherer gekündigt wurden und dies dann der Antwort der Mehrheit entspricht.

Zu beachten ist bei Default-Einstellungen aber, dass die Voreinstellung für eine Person nicht zwingend die beste Option für eine andere Person sein muss (Halpern, 2015, S. 307). Zudem ist zu berücksichtigen, das Default-Einstellungen bei Entscheidungen, die bei Kunden emotionale Themen betreffen, kritisch sein können. Diese Diskussion wurde etwa unlängst in Deutschland im Zusammenhang mit der Organspende geführt. Da über Defaults im privatwirtschaftlichen Bereich meist die Gewinnmaximierung (Rent-Seeking) im Vordergrund steht, reagieren Kunden sensibel, wenn sie etwas ›angedreht‹ bekommen. Man bedenke etwa, dass beim Abschluss von KFZ-Versicherungen das Häkchen bei ›Insassenunfallversicherung‹ gesetzt ist und viele aus Unachtsamkeit diese Option gewählt haben.

Informationsverarbeitung/ -bewertung

Menschen neigen dazu, sich an **sozialen Normen** oder Verhaltensweisen zu orientieren, die sich bewährt haben. Und wer weiß schon, wie der Einkaufswagen seinen Siegeszug in den Supermärkten gestartet hat? Zu Beginn war dies ein schwieriges Unterfangen. Hatte doch ein Supermarktbetreiber in den USA vor über 100 Jahren die Idee, dass der Gebrauch eines Wagens beim Einkauf eine deutliche Erleichterung für die Kunden darstellen würde. Anstatt die Dinge des täglichen Bedarfs durch die Gänge bis zur Kasse zu tragen, könnten die Waren einfach im Einkaufswagen abgelegt und bequem zu Kasse geschoben werden. Gut, diese Vereinfachung hätte den Nebeneffekt, dass mehr gekauft werden könnte. Aber eine gute Idee sollte doch auch gewinnfördernd eingesetzt werden dürfen. Also wurden Einkaufswagen produziert und im Eingangsbereich des Supermarktes platziert. Nun musste man nur noch warten, denn der Nutzen der Einkaufshilfe lag auf der Hand. Weit gefehlt, Kunden trugen nach wie vor ihre Einkäufe durch den Laden bis zur Kasse, die gute Idee wurde nicht angenommen. Aber der Supermarktbetreiber gab nicht auf und engagierte Testkäufer, die ihre Waren im Wagen platzierten und durch die Gänge schoben, wieder und immer wieder. Nun geschah Erstaunliches: Nach und nach nutzen die Kunden die Einkaufswagen, da sie den Gebrauch gesehen bzw. vorgelebt bekommen hatten. Die Nutzung von Einkaufswagen hatte sich sozial bewährt und beeinflusste das Handeln anderer. (Karl hatte ja auch den Eindruck, dass der Abschluss eines Schutzbriefes ein sinnvolles Unterfangen sei, denn 65 % der anderen Kunden konnten sich nicht irren!)

Soziale Normen haben großen Einfluss auf das Entscheidungsverhalten, zumal sie in unsicheren Situationen Orientierung geben. Der Herde zu folgen kann vorteilhaft sein, an den Finanzmärkten kann Herdenverhalten hingegen Preisblasen oder Kursstürze auslösen (► Kap. II). Orientierung, Bindung und Kontrolle zählen zu den wesentlichen Grundbedürfnissen von Menschen, wie uns die Neurowissenschaft lehrt (► Kap. I).

Bei Finanzdienstleistungen handelt es sich i. d. R. um erklärungsbedürftige Produkte und der Entscheidungsprozess kann sich schwierig gestalten. Je höher der Standardisierungsgrad ist, desto einfacher sind Kosten und Nutzen zueinander in Bezug zu setzen, das **Mapping** und damit die Entscheidung fällt dann leicht. Private Haftpflichtversicherungen oder Konsumentenkredite sind in ihren Basisvarianten stark standardisiert, eine Zuordnung von Preis und zugehöriger Leistung ist vergleichsweise einfach. Aber bereits die Auswahl eines geeigneten Kontomodells für den Zahlungsverkehr (Reicht ein Online-Konto aus? Mit oder ohne Buchungspauschalen? Soll eine Kreditkarte enthalten sein und wenn ja, welche?) erfordert ein stärkeres Involvement und ein Mehr an kognitivem Aufwand. Gute Entscheidungsarchitekturen müssen den Menschen das Mapping erleichtern (Thaler & Sunstein, 2012, S. 133). Tabellarische Darstellungen bieten sich etwa an, wie es beispielsweise auf Vergleichsplattformen im Internet zu finden ist.

Kunden sollte sich durch die Beratung der (Mehr-)Nutzen der angebotenen Option unmittelbar erschließen, um schnell und sicher entscheiden zu können. Hier zeigt sich der enge Bezug zu den Aspekten ›Komplexe Entscheidungen strukturieren‹ und

›Vereinfachungen vornehmen‹, die jeweiligen Teilaspekte einer guten Entscheidungsarchitektur müssen aufeinander abgestimmt werden.

Entscheidungsfindung

Eine gute Entscheidungsarchitektur sollte berücksichtigen, dass Menschen aus Unachtsamkeit, Unwissenheit oder Leichtsinn **Fehler** machen. Ein Nudge kann helfen, Fehler zu vermeiden, um Kunden vor gravierenden Folgen von schlechten Entscheidungen zu schützen. Geldautomaten etwa berücksichtigen, dass Menschen nach Erledigung der Hauptaufgabe, Geld aus dem Ausgabefach entnehmen, die damit verbundene Nebenaufgabe, Entnahme der Geldkarte, vergessen. Der Geldabhebeprozess wurde entsprechend umgestaltet und heutzutage muss erst die Geldkarte entnommen werden, bevor das Geld ausgegeben wird. Bei diesem Beispiel handelt es sich zwar um keinen Nudge im klassischen Sinn, da die Wahlfreiheit eingeschränkt wurde, denn Kunden können nicht die Reihenfolge der zu verrichtenden Tätigkeiten frei wählen. Diese Form der Entscheidungsmanipulation erscheint aber vertretbar, da sie eine deutliche Verbesserung für alle Nutzer von Geldautomaten darstellt.

Zu guter Letzt ist es hilfreich, wenn Entscheider direkt mit dem Ergebnis der Entscheidung konfrontiert werden und **Feedback** erhalten. Entscheidung und Konsequenzen miteinander zu verbinden kann das Entscheidungsverhalten verbessern. Im Straßenverkehr etwa befinden sich in vielen Wohngebieten mit Tempo-30-Zonen fest installierte Geschwindigkeitsanzeigen, die über einen Smiley (›Die gefahrene Geschwindigkeit befindet sich innerhalb der Vorgabe, gut gemacht!‹) oder einen grimmig blickenden Smiley (›Zu schnell, nicht gut!‹) direktes Feedback geben. Die Wahlfreiheit bleibt erhalten und man kann weiterhin mit Tempo 60 durchs Wohngebiet brettern, es wird aber auf einfache Art und Weise darauf hingewiesen, dass es Konsequenzen geben könnte.

Banken verfügen durch die Informationen aus den Kontobewegungen über detailliertes Wissen zum Cash-Managements ihrer Kunden. Angenommen, bei Kunden wird immer wieder Überschussliquidität auf Girokonten festgestellt. Eine gute Entscheidungsarchitektur könnte darin bestehen, Kunden die damit verbundenen Opportunitätskosten im Rahmen des quartalsmäßigen Kontoabschlusses mitzuteilen. (Bank: ›Wenn Sie Ihre Überschussliquidität des Girokontos aus dem vergangenen Quartal in den XY-ETF eingezahlt hätten, wäre eine Rendite von 3,0 % erzielt worden. Sprechen Sie uns an!‹).

In Abbildung III.5 sind die Wesenselemente einer guten Entscheidungsarchitektur zusammengefasst. Nudges sind ein mächtiges Instrument, um das Entscheidungsverhalten positiv zu beeinflussen. Nudges haben aber auch das Potenzial, Kunden zu verärgern, wenn Unterstützung als Bevormundung oder Manipulation empfunden wird.

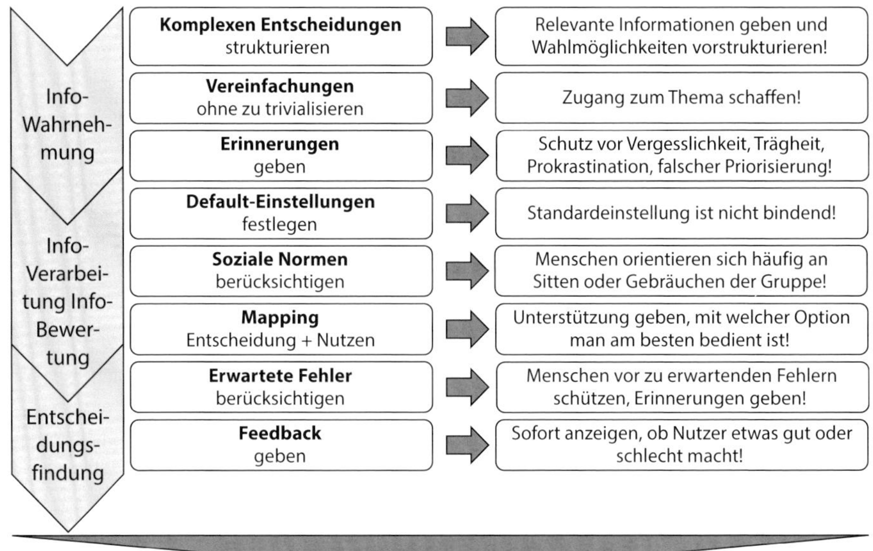

Abb. III.5: Kennzeichen einer guten Entscheidungsarchitektur (Quelle: In Anlehnung an Thaler & Sunstein, 2012, S. 118 ff. und Daxhammer & Facsar, 2017, S. 322)

III.3.3 Kontrollfragen

1. Was ist unter einem Nudge zu verstehen?
2. Erläutern Sie, welche vier Hauptaspekte bei der Ausgestaltung eines Nudge nach dem EAST-Konzept berücksichtigt werden sollten!
3. Entwickeln Sie für eine von Ihnen gewählte Finanzdienstleistung einen Nudge und beachten Sie dabei die Punkte einer guten Entscheidungsarchitektur!

Literatur zu Kapitel III.3

Düber, D. (2016): Überzeugen, Stupsen, Zwingen – Die Konzeption von Nudge und Libertärem Paternalismus und ihr Verhältnis zu anderen Formen der Verhaltenssteuerung, in: Zeitschrift für Praktische Philosophie, Band 3, Heft 1, 437-486

Daxhammer, R. J.; Facsar, M. (2018): Behavioral Finance, 2. Auflage, Konstanz und München

Halpern, D. (2012): EAST, Four simple ways to apply behavioural insights. The Behavioral Insights Team (2012), https://www.bi.team/publications/east-four-simple-ways-to-apply-behavioural-insights/, abgerufen am 13.5.2020

Halpern, D. (2015): Insight The Nudge Unit, London

Hansen, P. G. (2016): The Definition of Nudge and Libertarian Paternalism: Does the Hand Fit the Glove?; in: The European Journal of Risk Regulation (EJRR), No.1, 1-21

Johnson, E. J., Shu, S. B., Dellaert, B. G. C., Fox, C. R., Goldstein, D. G., Haeubl, G., Larrick, R. P., Payne, J. W., Peters, E., Schkade, D., Wansink, B. & Weber, E. U. (2012): Beyond Nudges: Tools of a Choice Architecture, in: Marketing Letters Vol. 23, 487-504

Sunstein, C. R. (2013): Simpler: The Future of Government, New York

Thaler, R. H. & Sunstein, C. R. (2009): Nudge, Wie man kluge Entscheidungen anstößt, Berlin

White, M. D. (2016): Overview of Behavioral Economics and Policy, in: Abdukadirov, S. (Hrsg.): Nudge Theory In Action, Basel

Wilson, J.Q. & Kelling, G. E. (1982): Broken Windows. The Police and Neighborhood Safety. in: The Atlantic Monthly, online: https://www.theatlantic.com/magazine/archive/1982/03/broken-windows/304465/, abgerufen am 3.6.2020

III.4 Den Advocatus Diaboli nutzen

Im Unternehmenskontext und an den Kapitalmärkten ist die Möglichkeit, schlechte Entscheidungen zu treffen, nahezu unbegrenzt. Daher ist es ratsam, das eigene Fehlerpotenzial, das auf Verzerrungen kognitiver bzw. behavioristischer Art zurückzuführen ist und einen gewichtigen Teil des Problems darstellt, in den Griff zu bekommen. Wichtige Entscheidungen mit finanziell bisweilen gravierenden Auswirkungen sollten auf einer möglichst rationalen Basis und unter Ausschluss systematischer Fehler getroffen werden. Hierzu kommen Debiasing-Methoden zur Anwendung.

Beim **Debiasing** werden Interventionsstrategien angewendet, um kognitiven Verzerrungen im Entscheidungsprozess entgegenzuwirken (Krieger, P. & Lausberg, C., 2020).

Eine gängige Debiasing-Methode, die insbesondere bei Gruppenentscheidungen zur Anwendung kommt, ist der Einsatz des Advocatus Diaboli (dem Anwalt des Teufels). Ursprünglich kam dieses Verfahren bei Heiligsprechungen in der katholischen Kirche zur Anwendung, um die Gründe für die Heiligsprechung kritisch zu hinterfragen.

Eine Person nimmt ganz bewusst eine Gegenposition ein (als **Advocatus Diaboli**) und hinterfragt alle im Rahmen des Entscheidungsprozesses aufgestellten Ziele, Alternativen und erwartete Wirkungen der Maßnahmen. »Dies schärft nicht nur das Verständnis der Entscheidungssituation, sondern reflektiert erneut die gegebenen Einschätzungen in Bezug auf Rationalitätsfallen.« (von Nitzsch & Methling, 2019, S. 7)

Aus der Beratungspraxis ist bekannt, dass zwei Heuristiken besonders geeignet sind, schlechte Entscheidungen zu begünstigen: Die Selbstüberschätzung und der Bestätigungsirrtum (Meissner, Sibony & Wulf, 2015):

- Das Thema Selbstüberschätzung/ Overconfidence wurde bereits in Kapitel II.2 gesondert dargestellt und soll an dieser Stelle nicht nochmals vertieft werden. Es sei aber darauf hingewiesen, dass gerade die Selbstüberschätzung aus Selbstschutz resultieren kann und aus menschlicher Sicht verständlich ist. Menschen neigen nämlich dazu, Erfolge ihren eigenen Fähigkeiten zuzuschreiben und Misserfolge als Ergebnis des Zufalls anzusehen. Diese Verhaltensweise ist in der Literatur unter dem Begriff Self-serving-Bias dokumentiert (Langer & Roth, 1975, S. 951 f.). Schnell unterliegt man dann der Kontrollillusion, alles im Griff zu haben und die eigene Entscheidungskompetenz aufgrund falscher Wahrscheinlichkeitseinschätzungen (dazu die Gewichtungsfunktion im Rahmen der Prospect Theory ▸ Kap. I.2.2) überzubewerten.
- Beim **Bestätigungsirrtum** (Confirmation-Bias) neigen Entscheider dazu, »Fakten im Sinne bereits vorgefasster Meinungen zu suchen und zu interpretieren« (Beck, 2014, S. 47).

Diese Tendenz, Konsistenz zwischen Informationen und Überzeugungen und Vorlieben herstellen zu wollen, übertragen Kapitalanleger auch auf die Beurteilung ihrer Finanzberater. So sprechen Kunden denjenigen Beratern eine höhere Kompetenz zu, die ihre eigene Meinung im Beratungsprozess unterstützt sehen. Sofern Kunden keine ausgeprägte Meinung haben, schätzen sie die Kompetenz von Finanzberatern höher ein, wenn diese mit ihren Empfehlungen soziale Normen stützen (Zaleskiewicz & Gasiorowska, 2018, S. 713).

Der Confirmation-Bias kann seinen Ursprung sowohl bei der Informationswahrnehmung als auch bei der Informationsverarbeitung bzw. -bewertung haben. Da es heutzutage üblich ist, dass Informationen über die unterschiedlichsten Medien benutzerdefiniert bereitgestellt werden, ist eine schlechte Entscheidungsgrundlage eine nicht nur hypothetische Gefahr, gerade in Finanzfragen. Diese Art von Informationsservice wird nahezu überall angewendet, sei es auf E-Commerce-Websites (»Nutzer, die dieses Produkt gekauft haben, kauften auch...«), in den sozialen Netzwerken von YouTube, Suchmaschinen oder Nachrichtenseiten (Lee, H. J. & Park, B.-W., 2020, S. 410).

Bei der Informationswahrnehmung kann es sein, dass nur diejenigen Informationen gesucht werden, die die ursprüngliche Hypothese oder Meinung stützen, da bereits ein »abschließendes, dem eigenen Weltbild entsprechendes Urteil gebildet wird (Primacy Effect)« (Beck & Zerr, 2019, S. 260). Das Internet bietet vielfältige Möglichkeiten für das Auffinden von Informationen (z. B. Trading-Plattformen, Facebook-Gruppen, etc.), um die eigene Meinung bestätigt zu bekommen. Verschwörungstheorien werden in unsicheren Zeiten (beispielsweise in Zeiten von Corona) durch das Internet sowohl verbreitet als auch mit ›Fakten‹ genährt. Wer lange sucht, findet die passende Informationsbasis für die eigene Meinung und eine selbstwertdienliche Begründung stärkt den eigenen Entscheidungsprozess.

Auch bei der Informationverarbeitung bzw. -bewertung können die Fehlerquellen vielschichtiger sein (Beck, 2014, S. 51 ff.):

- Richten Entscheider ihre Aufmerksamkeit bei der Informationsinterpretation auf die bevorzugte Hypothese aus, kann eine **Pseudodiagnostizität** vorliegen. So interpretieren Menschen bisweilen Krankheitssymptome so, dass die von ihnen gewünschte oder befürchtete Krankheit dadurch selbstdiagnostiziert wird. (Niesen und leichtes Fieber tritt eben auch bei einer Erkältung auf und es muss nicht sofort eine Corona-Infektion sein.)

- Selbst wenn Menschen Informationen wahrnehmen, die nicht alle die ursprünglich gefasste Entscheidung stützen, muss dies nicht zwingend zu einer Neubewertung und einer anderen Entscheidung führen. Informationen können nämlich unterschiedlich gewichtet werden, so dass Argumente, die gegen die bevorzugte Entscheidung sprechen, mit einem niedrigeren Gewicht in den Entscheidungsprozess einfließen (**My-side-Bias**).
- Auch die zeitliche Reihenfolge, wann Informationen dargeboten bzw. aufgenommen werden, beeinflusst die Bewertung im Kontext der Entscheidungsfindung. Bisweilen werden zu Beginn des Entscheidungsprozesses aufgenommene Informationen stärker gewichtet und prägen die Entscheidung (**Primacy-Effekt**), manchmal sind es gerade die zuletzt aufgenommenen Informationen, die den Ausschlag für eine Option geben (**Recencey-Effekt**).
- Bisweilen verharren Menschen auch lange in Verhaltensmustern und sind objektiven oder neuen Informationen gegenüber nicht aufgeschlossen. In solchen Fällen liegt eine sogenannten ›**Belief-Perservance**‹ vor. Dies kann darauf zurückzuführen sein, dass Menschen in Daten und in ihrer Umwelt nach Mustern suchen. Bisweilen stellt dieses Vorgehen auch eine gute Heuristik dar, wenn beispielsweise Chart-Muster an den Börsen erkannt und dann im Sinne einer Handelsstrategie angewendet werden. Die Predictive-Analytics beschäftigt sich in wesentlichen Bereichen mit dem Erkennen von Mustern, etwa auf Basis von Korrelationen. Muster können aber auch auf Zufall beruhen, wenn z. B. in den Wolken ein Elefant oder ein Hund erkannt wird. Der Entscheidungsprozess wird aber auch und gerade von Ansichten und Werten beeinflusst (▶ Kap. I), was dazu führen kann, dass an veralteten oder überholten Theorien festgehalten wird. Die Entscheidungsbasis ist dann nicht mehr ›up-to-date‹ und Menschen sind bisweilen schwer von ihrer Fehleinschätzung zu überzeugen. Gegenargumenten begegnen derart beratungsresistente Menschen mit Diskreditierung (›Der andere hat doch keine Ahnung!‹) oder mit dem pauschalen Gegenargument, dass es sich bei den Informationen um ›Fake-News‹ handele.
- Das Bedürfnis nach dem Erkennen von Mustern ist tief in Menschen verankert und vermag Orientierung zu geben. Das Suchen nach Mustern, die eine Entscheidung oder Hypothese stützen sollen, kann aber auch dazu führen, dass Zusammenhänge konstruiert werden, die statistisch nicht haltbar sind. Bei **illusorischen Korrelationen** oder auch im Falle von **Scheinkorrelationen** erfolgt die fehlerhafte Entscheidung auf Basis scheinbar statistisch gesicherter Erkenntnisse.

Der Selbstüberschätzung und dem Bestätigungsirrtum kann entgegengewirkt werden, wenn beispielsweise Alternativen, Gegenargumente und Rückkopplungen explizit in den Entscheidungsprozess eingebracht werden. Beim Bestätigungsirrtum etwa konnte festgestellt werden, dass sich in Experimenten das Informationsverhalten verbesserte, »wenn Alternativen explizit vorgestellt werden oder Entweder-oder-Fragen gestellt werden – eine transparente Kommunikation kann so dem Bestätigungsirrtum entgegenwirken.« (Beck & Zerr, 2019, S. 263)

Damit dies aber funktionieren kann, sollte man selbst oder die zu beratende Person offen und zugänglich für Sachargumente sein. Liegt eine emotionale Störung beim Entscheider vor, wird ein Einsatz des Advocatus Diaboli kaum möglich sein, da die Offenheit für weitere Argumente nicht gegeben ist.

Hier zeigt sich einmal mehr die Bedeutung einer guten und fundierten Finanzberatung. Berater müssen erkennen, ob emotionale oder kognitive Verzerrungen bei ihren Kunden vorliegen. Aus der Beraterpraxis ist der Einsatz von Fragetechniken bekannt (Debiasing Technique), um die negativen Effekte kognitiver Verzerrungen zu verringern (Meissner, Sibony & Wulf, 2015). Dabei werden in Form einer Checkliste Fragen zum Entscheidungsprozess gestellt (► Tab. III.2 und III.3).

Tab. III.2: Mit Checkliste eine Overconfidence verringern (Quelle: In Anlehnung an Meissner, Sibony & Wulf, 2015)

Verringerung der Gefahr von Overconfidence	**ja/ nein**
Welches sind innerhalb Ihrer Organisation bezogen auf die Entscheidung (für das Investment) die zwei wichtigsten Nebenwirkungen, die Ihr Investment negativ treffen würden? Wurden diese Nebenwirkungen bei der Entscheidungsfindung berücksichtigt?	
Nebenwirkung 1:	ja
Nebenwirkung 2:	ja
Bezogen auf Ihre Branche: Welches sind voraussichtlich die zwei wichtigsten Veränderungen, die sich negativ auf Ihre Entscheidung auswirken würden? Wurden diese zwei potenziellen Veränderungen bei der Entscheidungsfindung berücksichtigt?	
Potenzielle Branchen-Veränderung 1:	ja
Potenzielle Branchen-Veränderung 2:	ja
Bezogen auf das Unternehmensumfeld, das Sie nicht beeinflussen können: Welches sind voraussichtlich die zwei wichtigsten Veränderungen, die sich negativ auf Ihre Entscheidung auswirken würden? Wurden diese zwei potenziellen Veränderungen bei der Entscheidungsfindung berücksichtigt?	
Potenzielle Umfeld-Veränderung 1:	nein
Potenzielle Umfeld-Veränderung 2:	nein

Durch die Arbeiten von Simon (1957) konnte bereits nachgewiesen werden, dass Menschen intuitiv dazu neigen, komplexe Entscheidungen zu vereinfachen. Mithilfe eines heuristischen Entscheidungsprozesses wird das Gesamtproblem in Teilschritte

(Sequenzialisierung) gegliedert. In diesem konkreten Beispiel (▸ Tab. III.2) wird das Gesamtentscheidungsproblem in klare Einzelfragen unterteilt (›Welches sind innerhalb Ihrer Organisation bezogen auf die Entscheidung (für das Investment) die zwei wichtigsten Nebenwirkungen, die Ihr Investment negativ treffen würden?‹). Auch hierbei werden Erkenntnisse aus den Neurowissenschaften berücksichtigt, denn die Aufforderung zur Nennung von lediglich zwei Nebenwirkungen berücksichtigt das menschliche Denkvermögen. Zwei Nebenwirkungen (oder Gründe) zu nennen fällt Menschen leichter als fünf, sechs oder noch mehr. Zudem konzentrieren sich Entscheider eher auf die wichtigsten Nebenwirkungen. Das Problem, eine Gewichtung unterschiedlicher Nebenwirkungen vornehmen zu müssen, stellt sich nicht.

Ergänzend sei darauf verwiesen, dass diese Erkenntnis auch bewusst von Manipulatoren eingesetzt wird. Denn je mehr Argumente gegen eine gewünschte Option vom Gegenüber gefordert werden, um die eigene Entscheidung umzustimmen, desto einfacher ist es, die eigene Meinung durchzusetzen. (Das Gedächtnis des Menschen ist nach herrschender Auffassung kognitiv limitiert und kann beispielsweise nur fünf bis neun Argumente im Kurzzeitgedächtnis behalten (Miller, 1956, S. 95)).

Da ferner Entscheidungen bei dichotomen Handlungsoptionen (ja oder nein, gut oder böse) leichter fallen, werden die Fragen geschlossen formuliert und können mit ›ja‹ oder ›nein‹ einfach beantwortet werden (siehe Tabelle III.2 und Tabelle III.3).

In Tabelle III.2 sind die Fragen zur Verringerung der Overconfidence-Gefahr im Kontext einer Investitionsentscheidung aufgelistet. Dabei wurde ferner darauf geachtet, dass sowohl Aspekte des Unternehmens, der Branche und des gesamten Unternehmensumfelds berücksichtigt wurden, um möglichst eine ganzheitliche Entzerrung kognitiver Störungen zu erzielen.

Auch zur Reduzierung des Bestätigungsirrtums (Confirmation Bias) wurden geschlossene Fragen, die einfach zu beantworten sind, gewählt (siehe Tabelle III.3). Ebenso wird berücksichtigt, dass sowohl interne als auch externe Entscheidungssituationen einbezogen werden. Der Austausch mit Kritikern soll dazu führen, die eigenen Argumente zu überprüfen. Der Perspektivenwechsel ist in vielen Entscheidungssituationen hilfreich.

Tab. III.3: Mit Checkliste den Confirmation-Bias verringern (Quelle: In Anlehnung an Meissner, Sibony & Wulf, 2015)

Verringerung der Gefahr eines Bestätigungsirrtums	**ja/ nein**
Haben Sie Faktoren berücksichtigt, die dazu führen könnten, dass das ursprüngliche **Renditeziel** überschritten wird?	nein
Haben Sie Ihre Annahmen, mit denen eines vergleichbaren, durch **Externe** durchgeführten Investments verglichen?	nein
Haben Sie Ihre Annahmen mit denen eines vergleichbaren, durch **Interne** durchgeführten Investments verglichen?	ja

Tab. III.3: Mit Checkliste den Confirmation-Bias verringern (Quelle: In Anlehnung an Meissner, Sibony & Wulf, 2015) – Fortsetzung

Verringerung der Gefahr eines Bestätigungsirrtums	ja/ nein
Haben Sie ein **Team** für den Entscheidungsprozess zur Durchführung des Investments eingerichtet?	ja
Haben Sie Ihren Vorschlag für das Investment mit jemandem diskutiert, der **wahrscheinlich nicht zustimmen** würde?	ja
Haben Sie eine denkbare Alternative (**Plan B**) zu Ihrer beabsichtigten Vorgehensweise berücksichtigt?	ja

Da Menschen sozusagen »Augentiere« sind und zudem Visualisierungen helfen, komplexe Themen schnell zu erfassen, wurden die Ergebnisse der beiden Fragebögen mit einem Scoring versehen und in einer Graphik aufbereitet (▸ Abb. III.6).

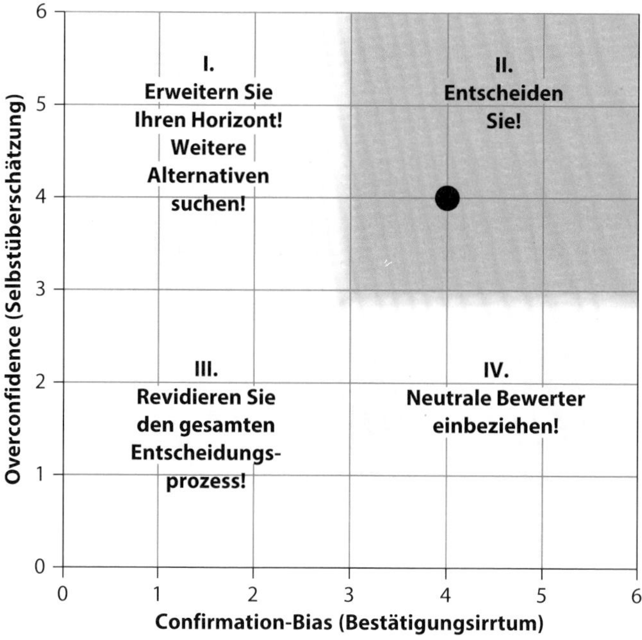

Abb. III.6: Entscheidungsmatrix zur Vermeidung von Overconfidence und Confirmation-Bias (Quelle: In Anlehnung an Meissner, Sibony & Wulf, 2015)

Sofern der Punkt im rechten oberen Quadranten (Quadrant II.) zum Liegen kommt, ist die Gefahr, bei wichtigen Finanzentscheidungen einem Bestätigungsirrtum zu unterliegen oder der Selbstüberschätzung zu verfallen, als gering anzusehen. Dann kann entsprechend entschieden werden.

Eindeutig ist die Entscheidungssituation auch, wenn der Punkt im Quadranten III. landet. Dann ist die Gefahr, dass beim Entscheidungsprozess Overconfidence und der Confirmation-Bias vorliegt, sehr groß. In diesen Situationen sollte der komplette Entscheidungsprozess auf den Prüfstand gestellt werden.

Im Quadranten I. ist zumindest die Gefahr der Overconfidence als gering einzuschätzen. Der Entscheidungsprozess ist dennoch nicht optimal, da eine große Gefahr besteht, dem Confirmation-Bias verfallen zu sein. Folglich sollte der Horizont erweitert und weitere Alternativen in den Entscheidungsprozess einbezogen werden.

Im Quadranten IV. ist zwar die Gefahr des Confirmation-Bias als eher gering einzuschätzen, es besteht aber eine hohe Wahrscheinlichkeit, dass die Entscheidung durch die Overconfidence gestört ist. Hier macht es Sinn, einen neutralen Bewerter oder Berater für die Entscheidungsfindung einzubeziehen.

Natürlich lässt sich dieses Verfahren grundsätzlich auf jede wichtige Entscheidungssituation übertragen, die im System 2 getroffen werden sollte. Ob sich dieses Vorgehen bei der Wahl der Lebenspartner eignet, mögen die Leser selbst entscheiden. Wir Autoren haben diese Entscheidung klassisch getroffen, einige gute Entscheidungen brauchen keine Checkliste.

Am Ende des Buchs bleibt uns nur noch die Rückschau auf unser Projekt. Wir hoffen, dass unsere Auswahl an Themen Lust auf Mehr gemacht hat. Die Behavioral Finance ist ebenso vielschichtig, wie die Menschen und das Leben auch. Einen Standardansatz und die jeweils richtige Lösung konnten wir damit für Finanzentscheidungen nicht präsentieren. Sollte es uns gelungen sein, bei Ihnen, den Leserinnen und Lesern des Buchs, Interesse an diesem Wissenschaftszweig geweckt zu haben und Anregungen zum Nachdenken über Entscheidungsprozesse zu geben, sind wir zufrieden. Auch wir verfolgen bisweilen eine Satisficing-Strategie.

Literatur zu Kapitel III.4

Beck, H. (2014): Behavioral Economics. Eine Einführung, Wiesbaden

Beck, H. & Zerr, K. (2019): Verhaltensökonomische Fallstricke. Warum uns Veränderungen so schwerfallen, in: Zeitschrift Führung + Organisation (ZfO), 04, (88. Jg.), 259-265

Krieger, P. & Lausberg, C. (2020): Entscheidungen, Entscheidungsfindung und Entscheidungsunterstützung in der Immobilienwirtschaft: Eine systematische Literaturübersicht, online: https://link.springer.com/article/10.1365/s41056-020-00044-2, abgerufen am 31.7.2020

Langer, E. J.; Roth, J. (1975): Heads I win, Tails it's chance: The illusion of control as a function oft he sequence of outcomes in a purely chance task, Journal of Personality and Social Psychology, Vol. 32, No. 6, 951-955

Lee, H. J. & Park, B.-W. (2020): How to Reduce Confirmation Bias using Linked Open Data Knowledge Repository, online: https://ieeexplore.ieee.org/stamp/stamp.jsp?tp=&arnumber=9070713, abgerufen am 31.7.2020

Meissner, P.; Sibony, O. & Wulf, T. (2015): Are you ready to decide?, online: https://www.mckinsey.com/business-functions/strategy-and-corporate-finance/our-insights/are-you-ready-to-decide, abgerufen am 15.6.2020

Miller, G. A. (1956): The Magical Number 7, Plus or Minus Two: Some Limits on Our Capacity for Processing Information«, in: Psychological Review, Band 63, 81-97 von Nitzsch, R. & Methling, F. (2019): Zum Praktischen Anwendungsnutzen der Entscheidungstheorie (About the Practical Application of Decision Theory) (February 28, 2019). online: http://dx.doi.org/10.2139/ssrn.3344640, abgerufen am 25.7.2020

Zaleskiewicz, T. & Gasiorowska, A. (2018): Tell Me What I Wanted to Hear: Confirmation Effect in Lay Evaluations of Financial Expert Authority, in: Applied Psychology: An International Review, 686-722